ET DIOR CRÉA LA FEMME

du même auteur
au **cherche midi**

Lettre aux femmes et à l'amour, 2010.

Francis Huster

ET DIOR CRÉA LA FEMME

cherche
midi

En une de couverture : le mannequin Victoire Doutreleau, mannequin vedette de Dior. Elle porte la robe Curaçao de la ligne H, collection Christian Dior Haute couture automne/hiver 1954-1955.

23, rue du Cherche-Midi
75006 Paris

À Elisa et Toscane

Quoi que vous fassiez, faites-le avec passion.

Christian Dior

1

Cette nuit, j'ai rêvé de Christian Dior. C'est complètement fou. Christian Dior ? Mais pourquoi Christian Dior ? Je suis comme vous. Je ne me rappelle jamais mes rêves. Je suis cependant certain d'avoir rêvé parce que je me réveille avec cette étrange sensation d'avoir quelque chose à raconter. Seulement je suis incapable de savoir quoi.

Je fais mon malin en proclamant : « Hé ! Vous n'imaginez pas de quoi j'ai rêvé cette nuit ! » Mon interlocuteur me répond immanquablement par la négative, arborant ce petit pincement de lèvres qui signifie : « Et comment voudrais-tu que je le sache ? » Mais alors je me défile. « Justement, je n'arrive pas à m'en souvenir, mais je sais que c'était quelque chose avec... » Et, selon l'instant, selon l'humeur, je sors de mon chapeau un nom fabuleux. Marilyn Monroe, Cassius Clay ou encore le *Pyrocraptus tirannus*, dinosaure de mon invention, bien connu pour sa passion dévorante du hot ketchup et de la grille sudoku du *New York Herald Tribune*.

C'est vrai, voyez-vous, le matin, plus schnock que moi, ça n'existe pas. Je n'avais, ce matin-là, dans ma salle de bains, que ma tronche mal réveillée à qui m'adresser. Deux yeux à peine ouverts semblaient me dire qu'ils ne daigneraient pas plus s'ouvrir pour monsieur Christian Dior que pour le retour impossible de Zinedine Zidane en équipe de France. Vous ne seriez pas en train de lire ces lignes si je ne m'étais, alors, coupé au menton avec mon rasoir. Le sang pissait maintenant sur mon cou. Et sur le tee-shirt que j'avais passé, à l'envers.

Aucun Kleenex sous la main, je me précipitai alors sur le rouleau de papier toilette pour apercevoir, l'instant d'après, mon visage recouvert d'improbables carrés blancs se chevauchant les uns les autres dans un étrange patchwork, et rougissant à vue d'œil, que je devais constamment remplacer par d'autres, immaculés. Pas d'alcool à portée de main. Une goutte de sang coula sur mon doigt. Rouge Dior. De mon index, j'écrivis sur le miroir un prénom : Mitzah. Pourquoi Mitzah, mon Dieu ?

Dior était un homme secret, fragile peut-être, spontané et généreux. Mitzah demeurait à ses côtés plus qu'une présence chaleureuse. Qui était cette sublime héroïne sortie tout droit d'un roman d'Agatha Christie ? Splendide femme fatale aux multiples visages et aux multiples vies. À la fois muse de Christian Dior, reine enviée de l'avenue Montaigne, Cléopâtre du César des ciseaux. Visage ovale magnifique portant un turban d'impératrice, port altier de maîtresse femme aux talons vertigineux, yeux en amande, regard vert comme le Nil, peau de satin et sourire ombré. Mille fois femme. Que la légende certifiait sans culotte. Follement séductrice et follement séduisante. Elle était sa femme de confiance, son grain de folie, son inséparable. Dior pouvait compter sur elle : elle ne lui cachait rien, et n'hésitait jamais à se montrer critique envers lui.

J'ai fait ce que l'on fait, aujourd'hui. Regardé sur Internet, *google-isé*. Dévoré tout ce que je trouvais. « DIOR ». Fasciné par ce que je découvrais. Je me suis habillé, histoire de ne pas peler de froid. J'ai sorti du frigo mes yaourts, deux-trois trucs pour tenir et je n'ai pas cessé d'écrire jusqu'à ce que j'aie eu fini de mettre sur le papier ce que vous tenez là, entre vos mains.

Installez-vous confortablement, respirez profondément. Si vous êtes prêt, je vous emmène avec moi de l'autre côté du miroir. Donnez-moi donc la main. Et ne me lâchez pas. Nous traverserons ensemble la pièce des apparences. Et si vous me promettez de ne pas regarder en arrière, je vous amènerai jusqu'au bout du rêve, du roman songe sur ce bon monsieur Dior.

2

Puisque vous avez tourné la page, tournons le dos à la convention et commençons par la fin. Vous la connaissez déjà: Christian Dior est mort. Ça, c'est la fin. Le 27 octobre 1957, jour des obsèques à Paris. Le corps rigide et sans vie apparente trouvait ainsi sa dernière demeure, à l'abri des regards. Son cercueil de bois dur d'Italie avait voyagé de là-bas, de la botte. Puisque c'était chez eux, les ritals de Montecatini, de Fausto Coppi et Gino Bartali, que Christian Dior avait cédé à une rupture d'anévrisme nommée pudiquement «infarctus». Mais lui, foi de Peter Pan, volait déjà ailleurs. Dans mon rêve en tout cas, c'était comme ça.

Tout ce beau monde arborait un air miné. De toutes les célébrités, certaines semblaient être venues pour se montrer. Beaucoup étaient reconnaissantes au défunt de tout ce qu'il avait fait pour la renommée de la haute couture française. Pour l'éclat international de Paris.

Et pour les avoir engagées à donner le meilleur d'elles-mêmes, au risque de perdre pied dans cet art qu'il avait élevé, à travers le monde, au plus haut sommet.

Nul n'était dupe. L'âme de Dior n'était pas morte. C'était tout simplement impossible. Et sa disparition soudaine, comme celle de James Dean, Gérard Philipe ou encore Marilyn, le ferait aussitôt entrer dans la légende, et par la grande porte.

L'assemblée, riches comme humbles, illustres ou simples passants, certains encore vêtus des splendides couleurs qu'il avait offertes à leur vie, célébrait, certains par des larmes, d'autres par la retenue, celui qu'ils appelaient chaleureusement «ce bon monsieur Dior». À l'enterrement, monsieur le curé évoquerait très joliment cette improbable rencontre «entre Dieu et Dior», paraphrasant Cocteau, se plaisant à imaginer la joie céleste du couturier habillant désormais les anges.

La vérité était bien différente. Christian Dior n'avait pas accepté que la mort le prenne ainsi, par surprise, si vite, si tôt. Trop tôt. Il n'était pas resté là-haut. Comme dans ces films de Capra ou de Lubitsch qu'il aimait tant – *It's a wonderful life* ou *Heaven can wait* –, ce bon monsieur nous a été rendu.

C'est cela, la vérité: pas un jour ne se passe sans qu'il soit présent, sans que sa bienveillance nous protège, sans que son éternelle élégance nous interpelle. C'est peut-être lui, d'ailleurs, qui me dicte ces lignes, et peut-être ne fais-je que rapporter ses propos. Monsieur Dior, toujours vivant ? Au-dessus de moi, ici, là, dans la pièce, à mes côtés ? Et moi, tenant la plume pour lui ? Pourquoi ne serait-il pas encore et pour toujours avec nous ? Ceux qui n'y croient pas ne croient en rien. Et surtout pas au rêve.

Le mien m'emporte soudain vers le visage de l'un des êtres présents ce jour d'obsèques. Pierre Bergé. Ses yeux plongent pour la première fois et à jamais dans le regard ciel du dauphin choisi par Christian Dior, monsieur Yves Mathieu Saint Laurent. Pourquoi Dior l'avait-il choisi ? Avait-il été saisi d'une prémonition, celle de sa propre disparition ? Je me sens happé brutalement. Mon ventre se tord soudain et la première image qui me vient est celle d'un petit garçon, une dizaine d'années probablement, genre bien coiffé, bien peigné, bien lavé, bien mignon, bien brun, la raie luisante sur le côté, pantalon repassé, costume gris, bien léger, bien croisé. Un petit triangle noir au cou. Oh ! Petit tricheur ! Ce n'est pas un vrai nœud de cravate, c'est un élastiqué, avec le caoutchouc caché sous le col de chemise, pour faire grand déjà. Qui c'est ce môme avec ses petites chaussures vernies aux lacets trop serrés, l'une de ses chaussettes baissée ? Où est-ce qu'il est ? Et qu'est-ce qu'il y fait ? On ne peut pas se rapprocher ? Je ne peux voir son visage. Juste une seconde, quoi ! Il me semble que je le connais... Ne pas faire de bruit, ne pas le déranger. Il a noué son lacet, voilà, il s'est redressé maintenant, s'est refait tout beau.

Voilà qu'il marche prestement. Où va-t-il ? Et que je te regarde à gauche et à droite. À présent, il pousse une grille superbe et pénètre, l'air de rien, il n'a pas froid aux yeux, le môme, dans un jardin d'hôtel luxuriant. Les talons s'enfoncent dans les graviers blanc crème des allées éclairées, avec ce bruit caractéristique, si divertissant. Il relève la nuque et j'aperçois avec lui cet hôtel extraordinaire, si beau, si lourd, si solennel aussi, le Grand Hôtel de la Pace. Où donc ? Bien sûr, vous l'avez deviné, à Montecatini. Pinocchio ou Oliver Twist, je ne sais comment le nommer, ce petit homme s'est assis cette fois sur un quoi ? Ah ! Mais si ! Un petit banc en ciment froid. Pas si petit que cela, puisque ses jambes pendent et se balancent maintenant. Comme elles doivent le faire à l'école en entendant le maître raconter Waterloo, ou encore Roland soufflant pendant des heures dans son cor, à Roncevaux. Qu'est-ce qui peut bien faire rêver notre Fabrice del Dongo ? Sans Fabrice et sans Dongo ! Dans le jardin du Grand Hôtel de la Pace, ce soir-là, il goûte au ravissement que lui procure l'orchestre. Dans le grand salon majestueux, piano, violons et trompettes s'en donnent à cœur joie, tout cela pendant que chacun dîne divinement aux grandes tables, recouvertes de grandes nappes, dressées de grandes assiettes pour de grands messieurs et de grandes dames entourés de nuées de grands serveurs, papillons noirs et cloches d'argent, coupes pétillantes et gants blancs. Il ignore que cette extase que lui prodiguent ces musiciens bouches de mérou, œil de renard, mains d'araignée, lui vient de Rossini ou encore de Nino Rota, du cinéma néoréaliste de Cinecittà.

Notre petit Prince croise les jambes délicatement pour ne pas froisser le pli de son pantalon. Son attention se porte sur les sublimes *signorinas* – Gina Lollobrigida, Sophia Loren ou la Bégum – en divines robes du soir qui laissent les seins se dresser et parfois même très légèrement déborder, de quoi rendre fou un saint justement. Le regard de l'enfant se dirige soudain sur une table, légèrement à l'écart, loin des imposants lustres Versailles qui participent à la majesté de la salle. La virtuosité avec laquelle les trois serveurs essuient d'un geste le bord des assiettes en or, puis posent l'assiette creuse au centre, avant de soulever, de concert, les cloches d'argent, lui donne envie d'applaudir : c'est un ballet, une chorégraphie. Mais ce qui vient frapper davantage notre jeune personnage – il se redresse pour mieux distinguer la scène, corps tendu soudain, tête tournée, mains appuyées sur le ciment froid du banc –, c'est ce qu'il vient de percevoir à cette autre table, juste à côté de la précédente.

3

Parmi les trois convives, deux femmes et un homme. Le bon monsieur s'est endormi, tenant, curieusement, ses cartes à la main. Ce qui intrigue davantage encore le gamin, c'est ce maître d'hôtel, vêtu de noir, qui tente de lui ôter ses cartes, sans que le monsieur réagisse ni desserre les doigts. Voilà que les deux dames se lèvent, puis s'asseyent de nouveau, en somme, s'affolent. Des serveurs ici et là essaient de prendre les choses en main. Le bon monsieur est maintenant caché par ceux qui tentent de lui porter secours : l'enfant ne voit plus rien. Soudain, une femme écarte deux messieurs qui parlent un peu trop. Elle se penche, bienveillante, vers la victime. Victime de quoi, s'il l'est ? L'une des femmes attablées a retourné ses cartes, canasta oblige, et fondu en larmes. L'autre femme est livide. Elle contient sa peine. Son visage de princesse ressemble à s'y méprendre à celui de la grand-mère du garçon. Grand-mère qui canaste, elle aussi, mais plus loin, au salon de l'hôtel moderne Cristallo Bonacchi.

Russe, polonaise, juive, tant de couleurs se mêlent dans le sang de cette mémé Rose qui est parvenue à s'échapper de tout, sauf du jeu. Et son sosie hurlant à présent, hitchcockien, tendu comme une tige de toupie, générant un affolement terrible.

Tous étaient maintenant hystériques, comme transformés en insectes, libellules et hannetons. Le personnel virevoltait entre les bijoux et les smokings, encerclant le monsieur, toujours assoupi sur lui-même, imperturbable dans les bras de son fauteuil. Trop pris par son jeu, il en avait oublié de respirer.

Notre jeune Sherlock sentit la sueur gagner ses mains. Il réalisa qu'il venait ainsi de devenir, lui-même, une grande personne. La mort était passée, juste là, devant lui. Il considérait d'autant la vie. D'un côté, ce qu'elle lui avait offert jusqu'ici, de l'autre, ce qu'elle lui réservait pour l'avenir.

Il demeura ainsi un long moment, assis sur ce banc froid, dans ce grand jardin, ne manquant rien du ballet des policiers, médecins, pompiers, maîtres d'hôtel, de leur accoutrement aussi, de leurs souliers, casquettes, comme de leurs gestes, mains crispées et bouches qui remuent. Il gravait tout cela dans sa mémoire. Les grimaces, les expressions, les mains posées par celui-ci sur les épaules d'un autre, et les épaules trop hautes de celui-là empêchant tout le monde de voir. Ne rien rater du spectacle. Ne rien oublier non plus de ce cercle des ombres qui s'ouvre et se referme tel un coquillage autour du défunt pour laisser ausculter, tâter, envelopper, déboutonner puis reboutonner. On lui avait clos les yeux, enfin. Un petit homme sec avait eu le courage et l'audace de baisser les paupières du maître. Car ce bon monsieur, défunt, était un maître. Le maître. Le plus grand d'entre tous et le plus fulgurant. Christian Dior s'était éteint comme il avait vécu : aux yeux du monde.

Et aux yeux de l'enfant qui avait maintenant les yeux pleins de larmes. Pourquoi pleurer à 10 ans, alors qu'on ne connaît même pas le défunt ? D'un seul coup, comme toujours dans les rêves, tout se précipita. C'est, vous savez, ce moment où l'on ne sait plus très bien si l'on dort – alors tout cela est un rêve – ou si tout se passe vraiment, dans la réalité.

L'un des nombreux policiers accourt. En uniforme noir, ça, j'en suis sûr. Avec des galons d'argent zébrant les manches et les épaules. Le visage barré d'une moustache tombant, fatiguée, sur ses lèvres. Il fait signe en moulinant ses bras à deux messieurs aux cheveux qui leur tombent, bouclés, sur la nuque. Un autre s'approche. Il ordonne que l'on ferme les volets du grand salon pour laisser travailler les secours inutiles. Un autre, au nez rouge digne de Zavatta, se coince les doigts dans le crochet de la fenêtre. J'aperçois alors des bouts de chaussures qui courent vite, trop vite sur un trottoir trop étroit. Qui piétinent, ralentissent puis repartent, entre hésitation et affolement, et rencontrent une feuille déchirée, froissée, sur la chaussée, *La Gazzetta dello Sport* vantant en gros titre les exploits du *campionissimo* Ercole Baldini. L'un des talons se prend dedans et glisse sur la photo de cette face d'aigle aux grands yeux. Le petit garçon fait un soudain vol plané pour se retrouver à terre, haletant, penaud, pantalon abîmé, mains écorchées.

L'entendant gémir doucement, les lèvres mordues, se plaindre de son genou, je me décide à lui porter secours. Je vois alors ma main apparaître dans mon rêve, tendue vers lui pour l'aider à se relever. Il prend ma main, relève doucement son visage. Je l'aperçois enfin, geignant encore, mais si touchant, comme s'il était pris en faute, mais plein de reconnaissance. Il me regarde, droit dans les yeux. Je reconnais cette bouille râleuse : c'est la mienne.

4

Ce gamin, c'est moi. Francis Huster. Fils cadet de madame Suzette.

Ma maman avait son atelier de couture près de la Bourse, à Paris. Au numéro 5 de la rue de la Banque, à deux pas de la rue de Richelieu et de la Comédie-Française. Tous les après-midi, à la sortie de l'école, rue du square Louvois, je me précipitais avec mon copain de classe Patrick Dewaere à la confiserie de la rue des Petits-Champs. Dans cette véritable caverne d'Ali Baba, nous fourrions dans nos petites poches de culottes courtes, déjà collantes, le plus possible de roudoudous, coquilles Saint-Jacques de toutes les couleurs, du bonbon à sucer pour de si longues minutes de bonheur.

Après avoir osé traverser la gigantesque avenue de l'Opéra, Patrick fonçait coller son nez contre la vitrine des photos du film de la semaine, au Studio Universel, avant de retrouver en vitesse sa maman Mado, chère

Mado qui menait tous ses enfants, sa « tribu Maurin », véritable famille d'artistes, du plus petit au plus grand. Patrick jouait déjà dans une pièce. Il avait la chance d'y avoir un vélo qui était, je me le rappelle, près d'une porte. C'était une histoire de maison dans laquelle il n'y avait que des gangsters ou des gens comme ça, qui terrorisaient une famille. Ses parents y étaient tous américains, d'ailleurs ça se passait là-bas. Le fait que Patrick soit acteur, et si tôt – nous n'étions que des mômes –, m'impressionnait beaucoup. Mais ce qui m'impressionnait plus encore, c'était que, du coup, ses devoirs, et il y en avait à faire après l'école à cette époque, il les faisait au théâtre, dans une loge, tandis que moi, je les faisais dans l'atelier de maman, ce qui était beaucoup moins marrant. J'aimais bien ça quand même. Le bruit des machines à coudre des ouvrières me forçait à travailler deux fois plus vite pour avoir terminé et être enfin libéré de ce tchictchac qui me perçait les oreilles.

Le vélo, à cette époque, c'était tout pour moi. Je ne rêvais que de ça. Mon père, Charles, c'était mon de Gaulle à moi. Même s'il était à fond Mendès France, Front populaire et Tour de France. Aviateur de guerre, au service secret des Britanniques. Pourquoi donc la princesse Margaret n'était-elle pas tombée amoureuse de papa au lieu de Peter Townsend de la RAF qui était beau mais vraiment pas plus que mon père ? Mon père qui montait les côtes de Picardie ou les cols – comme le Tourmalet – plus vite que quiconque. De toute façon, c'est moi qui remplacerais un jour Louison Bobet ou l'Alsacien Hassenforder. Ce jour-là, j'apporterais mon maillot jaune à la princesse Margaret, elle le signerait, et mon père, il serait fier.

Quand j'arrivais à l'atelier, le tabouret était toujours jonché de patrons, feuilles un peu marron, toutes bien coupées, découpées, que ma mère glissait sous des tissus pour faire ses robes. Fallait surtout pas m'asseoir dessus ou les plier, alors la première chose que je faisais après avoir dit bonjour à toutes les ouvrières et les avoir bien embrassées aussi, c'était de poser les patrons sur l'autre tabouret, celui qui était plus haut, précisément à hauteur de la table où se trouvaient toutes les épingles, piquées dans la bosse de mousse.

Je posais deux ou trois livres et un ou deux cahiers sur mon tabouret pour en adoucir l'assise. J'étais ainsi plus haut, mes coudes pouvaient toucher le bord d'une table à machine. Je pouvais m'y appuyer et faire mes devoirs, apprendre les affluents de la Loire, la bataille de Bouvines ou bien Magellan. Mon tabouret me tapait sur les nerfs, il branlait, il crissait, il toussotait de fatigue mais il ne cédait jamais. Moi, je n'osais rien dire mais je ne cédais pas et je faisais tous mes devoirs d'écolier.

Pour ma maman chérie, il fallait bien ça. Afin de devenir plus tard président de la République, je me devais d'être premier en classe, et chef de classe, avec tableau d'honneur et félicitations, prix d'excellence et concours général de français, et tout ce que j'allais faire pour elle, tout cela au lycée Carnot. Et pour que mon vieux copain le tabouret de l'atelier de couture soit lui aussi fier de nous, lui et moi, vu qu'on avait supporté, lui mes fesses, moi le bruit incessant des machines. C'est aussi là, dans l'atelier, que j'ai découvert le plus important de cette douce enfance dans cette douce France : les ouvrières qui cousaient vite, très vite, penchées sur leur machine, coupaient le fil d'un bâti fini ou d'une couture terminée avec les dents. Je trouvais cela bizarre, dangereux aussi, faire ça avec les dents alors qu'on peut utiliser des ciseaux, qu'il y en a, posés là, justement, devant elles. Elles pouvaient se couper les lèvres ! Cela m'a fait réfléchir. Pour aller plus vite que les autres, il fallait y mettre du sien, quitte à prendre des risques, mais, surtout, il fallait aller au plus simple, au plus efficace. Ma vie durant, je me suis ainsi servi de mes dents pour couper ce qu'il fallait quitter, trancher ce qu'il fallait décider, et prendre tout de suite mes décisions, mes responsabilités. Sans prendre le temps. Que d'erreurs j'aurais pu éviter si, au contraire, j'avais pris mon temps ! Je ne regrette rien, ce sont ces erreurs-là qui m'ont tout appris. Oui, folie ou instinct, j'ai toujours coupé avec mes dents, et en moins d'un instant, le fil de la décision à prendre.

Maman éteignait les lumières de l'atelier avec un soin infini. Elle vérifiait chaque fenêtre. Puis elle me prenait la main pour descendre les grandes marches marbrées de l'atelier et me dire, tendrement, dans la rue, son sempiternel « Couvre-toi ! ». Je tenais d'une main mon cartable rempli de mes devoirs accomplis, bien rangés. De l'autre, je serrais la main de maman. Ça me faisait toujours tout drôle. J'éprouvais une sorte de pincement au cœur au contact de ses doigts définitivement tordus, index et majeur. Même le pouce, à force de s'être trouvé enfoncé des milliers d'heures dans les oreilles des lourds ciseaux qu'elle tenait pour ces foutus patrons. Les doigts de ma mère avaient pris la forme exacte des ouvertures. Comme si maman les tenait toujours. Comme elle les tiendrait toute sa vie. Tiendrais-je ainsi, moi aussi, quelque chose à vie ?

Dans ma chambre rue Monsigny, au 19, avec ma lampe de poche en carton, fabriquée d'un numéro spécial du journal *Pif le chien* et braquée sous mon drap, je lisais de vrais livres, sans images. La Bibliothèque verte et le rudement Rudyard compliqué Kipling avec ses héros loups peuplant désormais la jungle de mes cauchemars. Kaa, le serpent hypnotiseur, s'enroulait autour de mon cou pour m'étouffer et je me retrouvais, le drap de mon lit entortillé tout autour de moi, sans pouvoir m'en défaire.

Lorsque ma grand-mère Rose « Ruchla » Zvaibaum « Cwajbaum » partait, chaque année, faire sa cure à Montecatini, c'étaient les plus belles vacances du monde pour mes yeux éblouis. Veuve de guerre de mon grand-père Max, martyrisé, gazé puis crématisé à Auschwitz, Rose, avec ses airs tantôt de Magnani, tantôt de Signoret, canastait comme une héroïne de Vittorio De Sica, des bagues plein les doigts, rousse fatale et chapeaux à voilette. Marie Bell n'avait qu'à bien se tenir, elle aurait trouvé à qui parler. Et avec qui rire surtout. Parce que Rose ne buvait pas que de l'eau tiède. Ma mémé adorée qui formait, avec son ami André Wirth, mélange physique parfait d'Humphrey Bogart et de François Mitterrand, le couple le plus improbable et le plus bouleversant qu'il m'eut été donné de voir dans ma vie, avec celui d'Yvonne Printemps et Pierre Fresnay.

Ils se sont toujours vouvoyés devant mon frère, ma sœur, moi. Elle lui parlait comme à un chauffeur. Et vous par-ci, et vous par-là. Jamais ils ne se sont enlacés ni même embrassés devant moi. Ils ne se parlaient jamais mal ni vraiment bien. Ils ne se parlaient pas d'ailleurs, ils s'entretenaient. De choses et d'autres. Ils jouaient surtout. À tous les jeux. Sauf celui de la vie où ils avaient compris qu'ils ne seraient jamais gagnants. André, que je chérissais comme un vrai père, m'a tout appris de ce qu'il ne fallait surtout pas apprendre. Il m'a enseigné la patience, la retenue et la compréhension. Il m'a enseigné comment rebondir même quand on a tout perdu. C'est à lui que je dois de me redresser à chaque coup dur. C'est à lui que je dois d'avoir appris à ouvrir mon cœur aux autres. André est mort à 51 ans du cancer du pancréas, à cette époque impossible à soigner. Je lui dois les plus belles soirées de mon enfance.

La France est ma lumière et je lui dois tout. La République m'a éduqué, aimé et construit. Je suis fier d'être français et jusqu'au bout je veux servir la France aussi fort que cela me sera possible. Mais l'Italie m'a toujours fait rêver et n'a cessé de me gâter. Ces séjours à Montecatini représentaient pour l'enfant que j'étais l'occasion d'être toujours beau, parfaitement bien habillé et si bien coiffé. Et de me délecter de mets toujours merveilleux. Dès la frontière passée, je devenais Francisco, et comptais les chiens à six pattes supercortemaggiore des stations-service. Il en fallait au moins douze pour arriver à destination. Je me voyais déjà dévorant une pizza, un panettone, dégustant un tiramisu ou une panna cotta. Le mot *camera* – « chambre » en italien – me trottait dans la tête. Il y avait partout des « cameras ». Ce que j'en comprenais, c'était que nous étions dans le grand pays du cinéma. Et il y en avait, en plus, des cinémas, et en plein air, avec de grands écrans faits de toiles immenses. Aurais-je pu imaginer alors que trente ans plus tard je me retrouverais au Fouquet's, dînant avec Vittorio Gassman, tandis que j'étais président des Molières, lui tenant près de lui son trophée d'honneur ? Nous racontant l'un l'autre nos histoires les plus drôles sur Shakespeare, Zeffirelli, Visconti, Fellini, anecdotes de Cinecittà, de la Comédie-Française, histoires de Molière, *Le Fanfaron*, Dante et compagnie !

À 10 ans, j'étais encore très loin de tout cela. Et dans le rétroviseur de l'Alfa Romeo à Montecatini, je ne pensais qu'à rectifier la raie de mes cheveux sombres.

À la maison, quand Charles, mon père, était à table avec nous, on n'avait pas le droit de parler. On n'avait pas intérêt non plus à mettre les coudes sur la table, et encore moins les mains sous la table. C'était un autre temps. Nous n'avions pas encore de télé. Les manières de table signifiaient vraiment quelque chose. Cela ferait hurler les nouvelles générations, non, elles ne pourraient pas s'y faire. On ne se levait de table que lorsque les grandes personnes avaient terminé leur repas. Alors Montecatini, pour moi, c'était la liberté. Le bonheur. C'est pour cela que je souriais quand j'allais dans le jardin du Grand Hôtel de la Pace.

5

J'entendais un boucan terrible à l'intérieur. J'étais maintenant seul dans le jardin de l'hôtel. Ils étaient tous ou bien rentrés ou bien partis. Je pleurais à présent, les mains dans les poches. Et pour un monsieur que je ne connaissais même pas. J'avais compris qu'il était mort. Pas besoin de parler italien pour cela. Une question me taraudait. Qu'est-ce qui l'avait tué ? Avait-il été empoisonné ? J'ignorais alors qu'un cœur puisse lâcher ainsi, sans raison. S'était-il étouffé en avalant de travers une olive ? Il avait pu aussi bien oublier de prendre ses pilules ce jour-là ? S'il prenait des pilules ? La canasta l'avait tué, ça, c'était sûr. D'ailleurs, ma grand-mère adorée allait peut-être connaître le même sort. Alors comme ça le jeu pouvait faire mourir, pour de bon.

Trente ans plus tard, cette fois ce n'était pas un rêve, j'ai monté *Le Cid* pour la Compagnie Renaud-Barrault, au théâtre du Rond-Point. Un triomphe inouï porté par une troupe de jeunes pousses qui n'allaient pas tarder à devenir des stars, encadrées par Jean Marais et Jean-Louis Barrault, dans les rôles de Don Diègue et du Roi. Martine Chevallier entra dans la légende avec son Infante incandescente et Emmanuelle Devos fit ses premiers pas convaincants en Chimène inspirée. Monique Mélinand et Martine Pascal me firent l'honneur d'être là ainsi que Jacques Spiesser et Jean-Pierre Bernard. Christian Charmetant et Antoine Duléry, Hervé Briaux, Nadine Spinoza, Céline Brune et Yves Le Moign'. Tous furent, à l'unisson, comme touchés par la grâce. Corneille avait de nouveau 20 ans. Jany Gastaldi me retrouvait enfin, depuis nos années Antoine Vitez au Conservatoire, avec sa sensibilité à fleur de peau. Jean Marais triompha en héros. Il aura été l'un des plus grands Don Diègue de tous les temps, à l'égal de Jean Deschamps qui lui aussi le reprit à nos côtés, pathétique et déchirant. Nous nous connaissions avec Jeannot depuis l'époque de Georges Franju. Le film *La Faute de l'abbé Mouret* ayant inauguré le Studio Jean-Cocteau. Nous ne nous sommes plus quittés. Mais jamais nous n'avons évoqué Christian Dior. Or, Jean Marais évoquant Jean Cocteau en vint à me parler de Christian et Christian : j'entends Bérard et Dior

Tout était parti de souvenirs liés à *La Belle et la Bête* et du génial travail de Bérard. La conversation dévia curieusement d'un Christian à l'autre. Nous étions partis des bras qui tenaient les flambeaux dans le corridor de la Bête pour en arriver à la décoration de la maison Dior. Le bon monsieur Dior avait confié la conception de la boutique du 30, avenue Montaigne à son ami Christian Bérard.

Les yeux de Jean Marais s'étaient soudain emplis d'émotion. Il tenta de se ressaisir en plaisantant, puis il me raconta l'enfance de Christian Dior, à Granville, sur la côte normande, qu'il tenait de la bouche même de Cocteau.

Je me souviens que j'eus du mal, à mon tour, à contenir mon émotion dans cette loge où nous conversions. Je mesurais, au fil des mots, des images, à quel point la vie de Christian Dior et la mienne étaient liées. De façon inattendue mais évidente, par le dieu des ciseaux et de la beauté. Peut-être que le Grand Couturier du Ciel, là-haut, se trompait parfois de patron ? Peut-être que le Grand Tailleur de la Vie m'avait coupé une vie qui ne m'était pas destinée, après tout ? Il fallait faire avec, et comme si c'était bien mon costume à moi, ma vie, ma peau. Si Dieu s'était trompé de vie pour moi, il n'y avait qu'une chose à faire pour en sortir : changer de vie. Combien de gens ont eu le cran de le faire et sont devenus des héros ? Ne pas prendre la vie d'un autre, non, mais seulement récupérer la sienne, bien à soi. Celle dont on est sûr qu'elle nous attend quelque part, et qu'il faut aller trouver. Il y faudrait de l'instinct bien sûr, de l'acharnement, un peu de chance quand même, du talent peut-être, mais surtout que l'on sache où aller. Pour y parvenir, je devrais compter sur pas mal de gens, me méfier de ceux, trop sûrs d'eux, qui indiqueraient forcément la mauvaise route. Il fallait avoir conscience que la chance se présenterait. Il faudrait la saisir au bon moment. Et une fois sur cette route qui serait véritablement mienne, il me faudrait réaliser que j'y serais seul. La seule chose que je trouverais en fin de route, c'était moi.

Ce chemin initiatique qui l'a mené à la gloire, Christian Dior l'a suivi jusqu'au bout. Avec un courage, une volonté et une lucidité exemplaires. De superbes livres avec des photos plus sublimes les unes que les autres ont été écrits sur lui. Des biographies fouillées et respectueuses ont été aussi publiées. Et je ne prétends pas écrire à mon tour sur lui mais bien pour lui. Pour lui dire en ce roman songe pourquoi il est l'un des hommes remarquables qui font l'honneur et la gloire de la France.

6

On raconte qu'il est né deux fois. Le jour de sa naissance, sortant le 21 janvier 1905 du ventre de sa mère, et le jour de la présentation de sa première collection, le 12 février 1947. Pour ma part, je pense que Christian Dior est né le jour de la fondation de la maison de couture Christian Dior le 8 octobre 1946 et qu'il est mort le 24 octobre 1957 en Italie, dans la ville thermale de Montecatini, de la façon la plus théâtrale qui soit : en jouant.

En 1911, la famille Dior vient vivre dans le quartier de la Muette, à Passy, en plein 16e arrondissement de Paris. Ici même où j'écris ces lignes, dans mon petit bureau, au septième étage. Je me suis installé depuis 2011 dans ce petit studio, pour travailler mes rôles, sans m'être douté une seule seconde que j'y recroiserais l'ombre de Christian Dior. Chaque jour, j'arpente exactement les trottoirs sur lesquels il sautait, enfant. Ces trottoirs enjambés pour en éviter les traits, comme à la marelle. J'ai fait moi aussi ce trajet du logement des Dior, rue Albéric-Magnard, jusqu'au siège de la société commerciale de son père Maurice Dior, rue d'Athènes, numéro 9.

La famille Dior était désormais parisienne. Mais d'où venait-elle? Les biographes l'ont méticuleusement décryptée. Nous préférons imaginer. Comme le petit Christian qui s'était déjà inventé d'où il aurait aimé venir.

Dans l'arbre Dior, il y avait, issues des racines de Normandie, de nombreuses branches portées par un tronc bien solide. Les racines étaient bien plus profondes, en vérité: elles s'enfonçaient jusqu'au Danemark. Plus incroyable encore, dans l'ombre de Shakespeare et du prince Hamlet! Mais oui, à Elseneur! La branche des deux Lucien se dressait avec autorité: le maire de Granville, grand-oncle Lucien, et le ministre du Commerce et de l'Industrie, oncle Lucien. Deux hommes de caractère, deux hommes de cœur. Hâbleurs, séduisants, rugueux, beaux parleurs, on ne leur résistait pas et ils en imposaient à tous et surtout à toutes par une autorité innée.

La famille Dior fut un temps dénoncée comme d'origine juive espagnole. Je n'invente rien, c'est la thèse d'un historien dont je me refuse à citer le nom pour le laisser dans l'ombre qu'il mérite. L'attitude héroïque de la famille Dior au cours des deux guerres mondiales, comme on va le voir, prouve assez à quel point, qu'il soit danois, normand, juif ou pas, parisien, new-yorkais, mexicain, cubain ou autre, Christian fut avant tout français. La famille qu'il se choisit ne manquait certes pas d'allure. Que de « cousins » ! Max Jacob, Picasso, André Gide, Marcel Proust ! Que d'oncles et de neveux ! Modigliani, Ernst, Cocteau, Alain-Fournier et Charles Péguy ! Dickens et Rimbaud, et tant d'autres, parce qu'il fallait « gifler la mort », comme l'affirmait Jean-Louis Barrault. Raymond Dior, son frère, s'engagea volontairement en 1917, alors que la famille s'était réfugiée en Normandie pour s'éloigner des horribles carnages de la Grande Guerre, cette boucherie terrifiante.

Aux terribles massacres de la contre-offensive de la Somme, Raymond se couvrit de gloire. Le père d'Albert Camus, du régiment des zouaves, avait perdu la vie dès les premiers combats sur la Marne. Et Jean Giraudoux s'était couvert de gloire, lui, dans l'enfer turc des Dardanelles où, blessé, il refusa de quitter ses hommes jusqu'au tout dernier moment. Et, enfin évacué de la boucherie, Giraudoux fut le seul officier rescapé de son régiment sous le tir assourdissant des batteries allemandes dont les Turcs avaient pu bénéficier. Louis Jouvet, lui aussi blessé, fut libéré miraculeusement des tranchées pour se retrouver à New York, et bâtir le théâtre Garrick pour y faire ses premiers pas vers la légende.

Christian Dior rêvait depuis sa prime jeunesse de gloire et d'un grand destin. Il ne s'en ouvrit jamais à ses parents, dont il redoutait terriblement le jugement. Son père qui n'aurait jamais accepté qu'il brasse étoffes et tissus, chapeaux et falbalas, et pour lequel il devait s'engager dans une brillante carrière politique, de Sciences-Po aux plus hautes sphères de l'État. Sa mère, Madeleine, qui n'aurait jamais admis que le nom Dior puisse s'exposer à la salissure populaire en brillant au fronton d'une façade commerciale. Ainsi, déjà bien jeune, Christian Dior avait compris qu'il ne réaliserait sa destinée, qu'il n'emprunterait le chemin de sa vie rêvée qu'au prix du mensonge.

Il aurait pour cela, lui aussi, à mener une guerre. Non pas sanglante, mais une guerre de mots, pesante, quotidienne, faite de patience et de cachotteries, une guerre de faux-semblants par rapport à son homosexualité cachée, une guerre d'usure dont il ne sortirait vainqueur qu'après la mort de sa mère chérie. Osant enfin, malheureux certainement mais libre, libre enfin, vivre sa vie et célébrer ce nom de Dior jusqu'au bout du monde.

Le sang-froid et la maîtrise dont il allait faire preuve au moment de créer sa maison de couture lui viennent de ces années de guerre, d'avant-guerre comme d'après-guerre. Dior s'établissant finalement galeriste. En attendant l'heure bénie où le hasard viendrait le chercher par la main pour le remettre enfin sur le vrai chemin de gloire qui l'attendait. Qu'il puisse mener à bien une autre guerre, celle de l'élégance véritable, de la beauté et du plaisir. Où il passerait de la guerre des hommes, implacable et sanguinaire, au règne des femmes, sublimement dessinées, tout en douceur et volupté, heureuses, elles aussi, enfin.

7

Corps et âme, de tout temps, les hommes ont cherché à se massacrer. Tandis que les femmes, elles, cherchaient à se sublimer. Permettez-moi d'avoir plus d'estime pour Christian Dior, Yves Saint Laurent, Karl Lagerfeld, Pierre Cardin, et tous ceux que je voudrais nommer pour leur rendre hommage, que pour tous les destructeurs et monstres de l'histoire. Christian Dior a réussi après-guerre, au moment de désespoir et de renoncement le plus fort, à recréer le désir, à redonner de l'allure et de la poésie, et l'envie d'être belle, avec une audace insensée, à une génération de femmes broyées, humiliées, sacrifiées par la guerre la plus meurtrière de tous les temps.

Christian Dior était bien, à sa manière, le de Gaulle des ciseaux. Résistant de la première heure au mauvais goût et à l'esbroufe, il n'eut de cesse, à l'instar du général qui rêvait de libérer la France, de libérer la femme française, puis les femmes du monde entier.

Pendant 14-18, Christian Dior, alors adolescent, percevait comme une forme de résistance l'ivresse de *fox-trotter*, de *one-stepter*. S'éclater en dansant, non pas pour oublier mais bien au contraire pour crier la vie, hurler l'espoir, clamer la joie contre les éclats d'obus, l'épouvante et la mort semées par la grosse Bertha.

Il ne changera pas d'état d'esprit en 39-40. Comme d'autres artistes, il refusera de capituler. Sa résistance artistique oppose la beauté à l'horreur, l'émotion et la grâce au sang et à la cruauté, l'intelligence du goût à l'ignominie de la bestialité. Comme il a toujours maîtrisé ce mariage risqué de la forme d'une robe et du tissu pour un maintien sans faille, Christian Dior sait que la vie doit elle aussi être vêtue. La vie demande à être habillée chaque jour. Par une attitude morale, une générosité, une humanité. Être quelqu'un de bien ou ne pas être.

Cette seconde peau que chacun se choisit est souvent la vraie. Peau de chagrin ou peau d'âne, peau d'ange ou peau brûlée. La vie a deux poches. Dans l'une, tout ce que l'on garde pour soi. L'autre est offerte aux autres. Elle est souvent trouée. Christian Dior mérite toute notre reconnaissance. Il est mort les poches vides. Il nous a tout donné. Il n'a rien gardé pour lui. Trop de douleurs contenues, trop de délicatesse à faire comme si, comme si rien ne pouvait l'atteindre.

Que jugeait-il sérieux ? Lui qui, comme les plus grands artistes de ce siècle prodigieux, lutta contre toute forme de sérieux en son art. Lui qui virevolta, palpa, pesa, effilocha, chiffonna, éprouva, drapa, plia, tordit, coupa, déchira, caressa la vie comme un tissu insaisissable, changeant et fugace, capricieux et fantasque, fatal et sacré. Il possédait ce trésor miraculeux : le goût. Cette rare faculté de savoir respirer l'âme.

Dior avait le goût de l'absolu. Il tenait cela de son enfance, d'une sensibilité maladive qui, dès 5 ans, lui avait ouvert les yeux sur le monde merveilleux d'une insouciante Belle Époque. Le siècle naissant semblait se déployer, tel un éventail, sur tous les bonheurs.

On n'est pas sérieux quand on a 20 ans. Dior a toujours eu 20 ans. Dior s'émeut des autres. Il les aime. Il les protège. Parfois même malgré eux. Il accepte comme une mission de leur offrir sa grâce. Lui possède la même grâce que Gérard Philipe, Albert Camus, Édith Piaf ou Jacques Brel. Pourquoi voulez-vous que des millions de gens les admirent, les aiment, les vénèrent s'ils n'avaient pas la grâce ? Non pas celle, purifiée, de la transmission comme saint Charles de Foucauld ou Jean Moulin martyr, mais celle accessible, à hauteur d'homme. La grâce non pas transfigurée mais défigurée. Par les trahisons, par les petitesses, par les hypocrisies, par les lâchetés, par l'égoïsme de la vie. Le fond sérieux de Christian Dior n'est autre que la lie de vin, la lie d'âme, de la vie, la lie des âmes perdues, qui souffrent. Il portait en lui cette souffrance-là. Il l'aura, comme un magicien, audacieusement transfigurée en beauté, en joie, grâce lui soit rendue.

Sa mère Madeleine avait saisi que son fils Christian, si sensible et attachant, qui apprenait par cœur le nom mystérieux de toutes les fleurs dans les revues spécialisées, n'était pas seulement féru de jardinage mais qu'il avait la tête ailleurs. Dans un monde secret qui n'appartenait qu'à lui, et où nul ne pouvait pénétrer. Elle en avait eu le sentiment bien souvent, son fils préféré n'était pas tout à fait comme les autres jeunes gens de son âge. D'ailleurs, il ne fréquentait que ceux qui lui ressemblaient, eux aussi différents des autres. Avec une rare pertinence, elle fit preuve de beaucoup de tact pour ne jamais froisser son fils. Contre toute attente, pourtant si jeune et si fragile d'apparence, Christian Dior suscitait d'emblée le respect. Son regard châtaigne apaisait toute envie d'en découdre avec lui. Tant il semblait avoir, c'est vrai, peur de tout, mais, comme il le prouvera toute sa vie, pour puiser dans cette peur son génie et sa force de conviction. Tant il donnait l'impression de n'avoir, surtout, pas peur de lui-même.

Christian Dior eut la force de caractère de suivre son instinct jusqu'au bout. Il ignora le qu'en-dira-t-on. N'obéissant qu'à ce qu'il y avait en lui de plus pur, de plus vrai, de plus volontaire. Une force de vie. Sans faille. Qu'il aura magnifiquement assouvie dans son art. Force d'amour et de joie. De pureté et d'élégance. Dior se laissa guider par elle. Il n'aura jamais reculé devant personne.

Dior a eu l'audace de se remettre constamment en question. Pour toujours se dépasser. Il n'a jamais cessé de se défier lui-même. Ce que les autres n'auraient jamais osé lui opposer, lui-même se l'est imposé. C'est Molière qui ose *Le Misanthrope* contre *Les Fourberies de Scapin*, ou *Tartuffe* contre *Le Bourgeois gentilhomme*. C'est Shakespeare qui écrit *La Mégère apprivoisée* en face d'*Othello*. C'est *La Symphonie pastorale* qui fait un pied de nez à *La Neuvième*, ou *Porgy and Bess* à *Rhapsody in Blue*. C'est le génie qui se moque du génie. C'est la liberté créatrice qui flirte avec la poésie poignante.

Christian Dior ne se sera jamais trahi. Il ne se sera jamais oublié en route. Comme Rossini ou Feydeau l'ont fait, hélas ! asphyxiés par le succès. Dior aura su passer de l'ombre à la lumière sans jamais renier ses valeurs ni trahir son style. Sans perdre son goût parfait ni s'éloigner de son domaine réservé. Sans basculer du côté des autres, alliant l'insolence à la maîtrise et au travail. De l'artisan consciencieux à l'artiste célébré dans le monde entier, il n'y avait qu'un pas à franchir, que peu surent accomplir si humblement, celui du talent. La gloire lui fait porter un masque. Celui du génie. Seul le destin peut l'offrir ou le retirer. Combien de masques, posés trop vite sur des usurpations d'un moment, sont bien vite et, justement, tombés !

Dior, roi du new-look dès sa première collection en 1947. À chaque fois innovant, surprenant, enthousiasmant chacun. Comme pour sa *green touch* prémonitoire. Maître d'œuvre absolu de la ligne droite affirmée, roi sans partage des courbes apprivoisées de la sensualité, rayonnante même tenue, retenue, soutenue, admise et recréée. Devant ses triomphes à répétition, sa foudroyante renommée, comment n'aurait-il pas attisé la jalousie de tous ? Sœur ingrate de la sincère admiration qu'on ne pouvait que lui porter dans un milieu d'élite où nul n'est dupe. La mort elle-même s'est réveillée trop tôt, et s'en est aussitôt vengée.

Elle a commencé par frapper ceux qui aimaient Dior. Son frère Bernard, qui, lui, toute sa vie tragique souffrira de troubles mentaux qui finiront par rendre inévitable un internement dont il ne sortira jamais. Christian Dior, brisé par la douleur, ne sortira d'un tunnel de chagrins familiaux que lorsque sa sœur Catherine, rescapée de Ravensbrück, lui aura été rendue comme une grâce de Dieu. De toutes ces peines fraternelles il va tirer une sensibilité à fleur de peau. Avec une détermination nouvelle qui l'amènera à ne jamais paniquer, pour ne jamais reculer devant ses décisions. Les prendre sans attendre. Et les mettre en application pour rendre heureux toutes celles et tous ceux, autour de lui, qui rêvent d'une vie meilleure.

Christian Dior ne revenait pas facilement sur son passé. Il ne lui aura pas non plus tourné le dos. Il ne niera jamais combien il avait réussi à s'en échapper. Au moins ne s'est-il pas, contrairement à d'autres, inventé de toutes pièces un passé différent. Le sien, pour douloureux qu'il fût, suscitait en lui une certaine fierté. Il mesurait la tâche qui l'attendait. Avec sa famille, il avait respecté les convenances et mis de côté son homosexualité. Mais il servirait sa vie durant des valeurs essentielles à ses yeux et si chères à son cœur : l'humanisme, la compréhension et la tolérance. Le respect qu'on lui doit vient justement de sa persévérance à les avoir défendues par son art. Peu importe ce que pensait Voltaire, ce qui compte, c'est ce qu'il a réellement fait pour le respect des libertés et la justice des hommes. Dior est resté dans son art, créateur de rêve, d'une droiture d'âme qui force le respect. L'élégance l'habitait tant qu'il en habillait les autres.

8

Certes, l'intransigeance était présente en lui. Mais quel grand artiste, dévoué corps et âme à son art, ne céderait à l'intransigeance ? Patron dans l'âme, ou plutôt amiral, n'abandonnant jamais son navire, respectant son essaim d'équipage, magnifiant la ruche, cette maison Dior qui était désormais toute sa vie, refusant tout compromis, tout renoncement qui aurait pu entamer la qualité extrême qu'il exigeait. Grâce à lui, la ruche des ateliers Dior aura écrit l'une des plus belles pages, non seulement de l'histoire de la haute couture française, mais aussi de celle de la femme. Il aura réussi à la sublimer en la libérant. Et pour finir de celle de la France, oui, de la France elle-même, brillant de tous les feux de la séduction, et du renom retrouvé de Paris dans le monde entier.

Inutile de dénoncer l'incroyable paresse de Paris qui se gausse en maintes occasions de se croire le centre du monde, et plus précisément sur le plan culturel, et qui n'est pas capable de faire porter à de nombreux squares, rues, boulevards ou avenues de la capitale les noms prestigieux de ceux qui justement de par le monde auront, eux, glorifié Paris. Alors qu'*a contrario* des noms se pavanent, relevant d'un annuaire dépassé, désuet, injustifié, voire totalement scandaleux, quand ceux auxquels Paris choisit de rendre hommage mériteraient plutôt l'opprobre. Il faudra bien un jour se lever pour demander réparation et justice de ce côté-là aussi.

Christian Dior et Jean-Louis Barrault me semblent plus à leur place, c'est le cas de le dire, que certains militaires qui n'ont d'autres titres d'honneur que d'avoir justement massacré en leur temps le peuple de Paris.

Christian Dior vouait une adoration particulière aux paravents. Enfant, il y jouait à cache-cache, comme on se retrouve à jouer, plus tard, aux jeux de la séduction. Dior avait estimé que chaque modèle devait non seulement habiller la femme mais lui être une sorte de paravent en mouvement. Nous persuadant par là même que cette femme nous cachait des trésors de séduction. Il s'était lui-même déjà servi d'un paravent comme lorsqu'il s'était inscrit à Sciences-Po pour ne pas y mettre les pieds. Ce n'était là qu'un prétexte, une façon de réconforter sa famille. Dior n'a jamais accepté de devenir petit pois d'ambassade, rat de ministère ou « porte-sacoche » d'un politicien, ce dont ses

Lucien, oncle ou grand-oncle de Christian, auraient rêvé pour lui.

Louis Jouvet avait fait tous les petits métiers du théâtre avant d'en faire le sien. Sa mentalité de pharmacien l'obligeait à une connaissance parfaite de toutes les formules qui lui seraient nécessaires dans l'exercice quotidien de son travail. De la machinerie à la pédagogie, de tous les rouages du théâtre à ceux de l'âme humaine, de l'écriture à la mise en scène, de la scène à l'écran, il a tout appris, tout éprouvé, tout compris. On le surnommait le Patron. Et, en effet, on peut aller jusqu'à penser qu'il fut le Saint Patron du théâtre, tant il magnifia l'art théâtral, sous toutes ses formes, sur tous les continents. Au-delà des mers, Jouvet défia Pétain et refusa de se soumettre au diktat de Vichy de trahir les Juifs, à commencer par celle qui partageait sa vie, la Juive belge Madeleine Ozeray. Jouvet fut héroïque lui aussi. Doté d'une intelligence de la plus extrême finesse, d'une classe folle, il fit entrer dans l'histoire le Théâtre de l'Athénée où il magnifia Giraudoux. Sa troupe vogua dans la légende avec Claudel, Molière, Romains, Sartre, Genet, Achard et d'autres encore. Christian Dior choisit lui aussi sa troupe. Trouva son lieu. Et glorifia son art comme personne.

Dior avait rêvé d'acquérir un hôtel particulier à l'emplacement tout à fait singulier pour établir sa maison de couture. Il allait le rendre pluriel dans ses fonctions, en faire un hôtel de la grâce et de la beauté. Il n'avait cessé de rêver à cette ruche où il laisserait libre cours à ses créations les plus audacieuses sans que personne puisse se mettre en travers de sa route. Contraint et forcé par la ruine, conséquence fâcheuse de la crise de 1929 qui était arrivée jusqu'à lui, il avait pris au début des années 1930 la décision d'abandonner la Galerie Jacques Bonjean. Ce lieu, avant-gardiste et visionnaire, où les associés Christian Dior et Jacques Bonjean, refusant tous les *a priori*, faisaient découvrir au monde ces inconnus qu'ils avaient eux-mêmes découverts et admirés. Rien moins qu'Helmut Kolle, Pavel Tchelitchev, Christian Bérard, Francis Rose, Paul Klee, Campendonk, Max Ernst, Salvador Dalí, Joan Miró, Alberto Giacometti, Giorgio De Chirico ou Otto Dix. Un bel arc-en-ciel d'âmes géniales, adorées par les connaissances devenues amis chers, Max Jacob, Gertrude Stein, Henri Sauguet, Darius Milhaud, Francis Poulenc.

Un soir, resté seul dans la « boutique », comme il aimait la nommer, Christian Dior s'assied par terre et, comme l'enfant qu'il n'aura jamais cessé d'être, il laisse couler ses larmes.

Il pense à cette liberté du mouvement dans l'espace, il ne voit plus ce qu'il a à faire là, dans ce monde limité au cadre, figé à jamais, qui n'est que la vitrine sans vie d'une vision, d'un génie sans doute mais qu'il n'offre à personne de faire vivre, qui ne laisse que le choix d'admirer. Alors que lui, Christian Dior, ne pense qu'au mouvement, sa passion. Qu'à libérer les couleurs.

Rendre aux courbes leurs formes enivrantes. Et aux droites leur volonté de ne jamais s'achever et d'aller voir ailleurs de l'autre côté de l'horizon. Dior décide de redevenir un homme sans chaînes. Il prendra plus tard, en 1946, la décision de réinventer un horizon sans limites pour le corps féminin, son jardin d'émotion où il fera danser les « lumières de la grâce » qui construiront sa légende.

Dior est persuadé que seule la liberté pourra lui permettre de passer du talent à la réussite. Ce soir-là, au moment de quitter la galerie, il se fait le serment de prendre, un jour, entièrement, sa liberté. Ce n'est pas la vie mais la mort qui va intervenir en sa faveur. Sa mère, déjà minée de chagrin par l'internement de son fils Bernard, est emportée par une septicémie foudroyante.

Accablé de douleur, Christian Dior pleure non seulement une mère mais une femme extraordinaire, une figure d'élégance. Elle ne va plus le quitter désormais. Pense-t-il que, en lui prodiguant un amour infini, il va la garder, à ses côtés, pour l'éternité ?

Christian Dior voulait croire que l'ombre de ceux qui nous sont chers et ont disparu se mêle à la nôtre. Sacha Guitry, qui, jeune adolescent, décida également que sa mère défunte l'accompagnerait toute sa vie. Pas une héroïne de ses pièces ni de ses films qui ne soit sa propre mère transfigurée. Sacha voyait sa mère en chaque comédienne.

9

Dior devient modéliste en 1938 chez Robert Piguet, au Rond-Point des Champs-Élysées. Un demi-siècle plus tard, c'est précisément au Rond-Point des Champs-Élysées que Jean-Louis Barrault me demande de monter Corneille, Diderot, Shakespeare et Musset, dans son théâtre, pour sa compagnie.

Pour un coup d'essai, Christian Dior, jeune Cid de Robert Piguet, réalise un coup de maître. Et la qualité de ses esquisses saute aux yeux. Dior sort alors d'une difficile série d'événements. Sa mère est morte, le krach de 1929 a ruiné sa famille ou ce qu'il en restait, il a perdu sa deuxième galerie, qu'il tenait avec Pierre Colle, et une méchante tuberculose a failli l'emporter. Il l'a soignée au sanatorium de Cambo, près de Font-Romeu, puis dans les Baléares, envoyé par ses amis du Bœuf sur le toit qui se sont tous cotisés pour cela. Il va passer un dernier week-end avant que la guerre n'éclate, en automne 1939, à Villerville, invité par les Bonjean.

Dior croit au destin de la France comme il croit à son propre destin. De 1940 à 1941, il va se fondre à Mehun-sur-Yèvre où, mobilisé, il patiente. Il ne se passe rien là où il se trouve? Tant mieux. Malgré son courage certain, Dior n'est pas fait pour la guerre. Il endosse le rôle du paysan jardinier, se préoccupe de la germination des plantes et des fleurs – tout ce qu'il aime, en vérité. Mais il sait l'Occupation, les arrestations, les déportations, humiliantes, dégradantes, terribles.

La Providence lui envoie une jeune femme, comme un ange. Elle est rédactrice en chef de la page féminine du *Figaro* et souhaite engager un croqueur de mode pour illustrer abondamment la feuille dont elle a donc la responsabilité. Non pas à Paris, mais en retraite forcée à Lyon. En période cruciale d'occupation, guerre oblige, elle ne peut obtenir ni photos, ni modèles à photographier, ni mannequins à disposition. Les croquis sont la seule solution pragmatique à envisager. Alice Chavanne attend fébrilement que le jeune homme lui apporte ses dessins. Dior se rend à Cannes à pied. La jeune femme est conquise. Elle décèle dans son trait de crayon une distinction inouïe.

1947, naissance de la maison Dior et première collection, année de ma propre naissance et de mon premier biberon. Permettez-moi donc de glisser quelques lignes pour évoquer de nouveau le lien qui semble m'unir au destin de ce bon monsieur Dior. C'est à Cannes que mon père divorcé de ma mère se remarie. Je fais ce même trajet, moi aussi, de Grasse à Cannes, pour lui rendre visite. Non pas à pied – la guerre est bien finie – mais en train ou en voiture. Dans le wagon ou à l'arrière du taxi, je me préoccupe, comme lui de ses croquis, de rôles que je répète sans cesse.

Je ne voyais mon père que cinq ou six fois par an. À chaque rencontre, je me sentais comme chargé d'émotion pour plusieurs mois. Et je ne pouvais m'empêcher de me demander, chaque fois, si ce ne serait pas là notre ultime tête-à-tête, et si la mort n'allait pas me le prendre cette fois-là.

Retour en arrière. 1945. Dior est persuadé que la mort lui a ravi sa sœur Catherine, dénoncée et arrêtée par la Gestapo comme résistante héroïque, fervente et intrépide. Les risques immenses qu'elle a pris l'ont menée dans un camp de concentration, à Ravensbrück. Tout comme mon grand-père dont il ne me reste que le numéro d'enregistrement, consciencieusement noté par un fonctionnaire français à la gare d'arrêt temporaire de Metz.

10

Max Cwajbaum n'est jamais revenu. Catherine Dior, elle, oui, heureusement. Dieu soit loué s'il existe ! Christian Dior n'y croyait plus, lorsqu'en pleine nuit, le 27 mai 1945, de cette même gare de Metz, et peut-être de la voix du même fonctionnaire de police, il reçut un appel lui annonçant le retour d'une revenante. Lorsqu'elle tomba dans ses bras, gare de l'Est, il n'osa la serrer trop fort de peur de briser cet être dont il ne reconnaissait que les yeux énormes et la bouche exsangue. Et comment la réhabituer à se nourrir après la faim et la privation ? Elle vomirait toute nourriture pendant quelque temps, jusqu'à l'accoutumance nécessaire. Ma mère chérie erra, elle, désespérément, de gare en gare, jour après jour, croyant elle aussi pouvoir y retrouver son père. En vain.

Mon premier jour à la Comédie-Française, la Maison de Molière, avec un M majuscule, ma mère me confia la seule chose qui lui restait de son père disparu : une chevalière en or avec une lettre gravée au-dessus du Z de son nom, francisé, Zvaibaum, un M pour Mathis, dit Max. Christian Dior, toute sa vie, exigea que la lettre M soit à toute occasion emblématique. M comme Madeleine sa mère, ou Maurice, son père ? Musset, Marivaux, Molière hantèrent ma jeunesse. Ma sœur s'appelle Muriel. Nous habitions rue Monsigny. Et sans s'étendre davantage, le cimetière où ma maman repose, et où bien sûr je la rejoindrai, est le cimetière Montparnasse. De là à penser que je mourrai au mois de mars ou de mai, il n'y a qu'un pas.

Une autre coïncidence : lorsque j'ai eu entre les mains ce papier de la gare de Metz, évoquant le convoi de 1942 qui emporta mon grand-père, j'y ai découvert ce que j'ignorais totalement jusque-là : sa date de naissance ! Le 04.05.98. Il s'agit bien de 1898. Ma fille aînée, Elisa, est née le 04.05.98 – 1998. L'âme de mon grand-père se serait-elle glissée en ma petite chérie, exactement un siècle après ? Comment ne pas croire aux signes du destin ? Et de là, comme Christian Dior, et moi aussi, aux voyantes ?

J'ignore si les biographies ont raison d'être ordonnées selon la chronologie. Après tout, ce qui semble se succéder dans une vie, ce sont parfois les pièces d'un puzzle qui ne se sont pas déroulées, l'une après l'autre, mais qui au contraire doivent être agencées l'une avec l'autre. De nombreuses années les séparent, elles relèvent d'autre chose, de la même émotion, d'une couleur semblable, d'un trouble voisin. La vie est un arc-en-ciel. Il n'apparaît clairement que lorsque sont réunis à la fois la pluie et le soleil d'un individu.

Dior est un artiste. Il n'échappe ni au soleil ni à la pluie. Parfois, la lune qui illumine sa collection est magique et pure à souhait. Elle fascine, ensorcèle, charme et éclaire d'une classe folle les mannequins qui défilent. Parfois, cette même lune en croissant diminue, s'offusque, grimace, s'embrume et s'enrhume dans une nuit opaque sans étoiles, nuageuse, gris tristesse. Nuit en deuil, nuit glacée, nuit basse et oppressante.

Dior a toujours fait preuve d'une très grande faculté d'adaptation. Jean Ozenne, comédien très touchant, d'une parfaite humilité, passa la porte du Cours Simon déjà âgé, car il avait attendu la disparition de sa chère mère pour abandonner lui aussi sa fausse passion de dessinateur de mode. Il avait créé ce masque de toutes pièces et l'avait porté sa vie durant pour faire plaisir à sa mère. C'est lui qui logea Christian Dior, si généreusement, dans son appartement du quai Henri-IV, à son retour des Baléares. Je passerai sous ses fenêtres pendant vingt ans pour me rendre quai d'Anjou, au Cours Florent, et y enseigner à la classe libre gratuite. Jean Ozenne offrit à Dior, alors sans le sou, rentrant des Baléares, un endroit où se poser. Mais il fit plus encore pour lui en lui donnant confiance en son talent.

Ayant surpris le trait de crayon, génial, de Dior, Ozenne se mit en tête de vendre ses dessins et croquis. Il y parvint, et en une fois, pour pas moins de 120 francs de l'époque.

Comme Mozart est Mozart, dans son art, Dior est Dior. Aucun autre ne sut comme lui saisir si parfaitement le sens de son époque. Il sut regarder autour de lui là où personne avant lui n'avait osé porter son attention. Il toucha à l'essentiel : l'esprit du temps. Guitry avait, lui, l'esprit de rire des femmes parce qu'il les adorait pour ce qu'elles avaient de pire : leur caractère impossible, imprévisible, indomptable, insouciant. Leurs caprices, leurs mensonges, leurs jalousies, leurs coups fourrés. Leurs coups de cœur aussi, leurs trahisons, leurs aveux et leurs pardons ! Grâce à elles, Sacha s'amusait comme un fou. Et c'est Guitry encore qui en profitait pour alimenter de quiproquos et de coups de théâtre qui sonnaient tellement vrai ses pièces merveilleusement construites, si drôles et si séduisantes. Cet amour des femmes l'emportait, malgré tout, et hissait la comédie à son sommet. Il palpite un cœur chez Guitry et ce cœur bat éperdument pour les femmes.

Christian Dior a un tout autre esprit lorsqu'il s'agit de la femme. Si Guitry se moque des femmes parce qu'elles se moquent de lui, Dior, à l'inverse, s'intéresse à la Femme et non aux femmes. Il s'ingénie à créer une nouvelle femme, cette Femme à laquelle toutes les autres femmes vont vouloir ressembler. C'est le contraire de Guitry. Guitry avait peur de la Femme, c'est pour cela qu'il préférait les aimer toutes.

Dior sait habiller la Femme parce qu'il sait la déshabiller. Il sait se mettre à sa place pour mieux connaître ses désirs, ses secrets, ses craintes. Il veut découvrir ce que la femme souhaiterait qu'on découvre en elle. Ce qu'elle espère que l'on regardera en premier chez elle. Et ce qu'elle ne voudrait surtout pas montrer. Dior aime la femme pour ce qu'elle a de meilleur, contrairement à Sacha qui ne s'attache qu'au pire. Et ce que la femme a de meilleur, c'est sa vérité. C'est-à-dire son corps. Le corps, lui, ne ment pas. C'est bien cette nudité de la femme, cette nudité offerte, que Dior va vêtir d'une grâce. Si elle ne sait pas se tenir, il lui donnera de la tenue. Si elle ne sait pas bouger, il lui procurera la splendeur du mouvement par la qualité même des tissus, des matières qu'il choisira. Si elle n'ose pas s'ouvrir au monde, il la parera des couleurs les plus belles. Dior ne cherchera qu'à la rendre élégante.

11

Qu'est-ce donc que l'élégance ? Voulez-vous me la dessiner ? Bien sûr que non ! L'élégance est un don, un état d'esprit. Le don de soi, voilà la véritable élégance. C'est parce qu'elle saura s'offrir aux regards des hommes, mais aussi aux regards des femmes que la Femme créée par Dior va réussir son pari fou : conquérir le monde. Offrir tout son être mais sans ostentation, sans rien attendre en retour, donner son corps sans partage. Dior va encore plus loin. Il veut que la femme se donne de la plus belle façon. Quelle plus belle façon que de savoir se rendre rare, chatte, insaisissable, exigeante ?

La Femme Dior ne veut pas porter une robe. Elle exige que la robe la porte. Les autres grands couturiers ne trouvent pas en Christian Dior un concurrent. Ils trouvent un exemple. Qui préfigure l'avenir de la haute couture. Haute parce qu'elle élève la couture à un art qui emmène la beauté de la femme à son paroxysme.

Les grands couturiers ont un talent fou, certes. Grâce leur soit rendue. Mais c'est à la femme que Dior, lui, rend grâce. Les femmes qui s'habillent ailleurs le font pour être vues. La femme qui va chez Dior le fait pour être regardée. C'est toute la différence. Ce que Dior met en valeur, ce n'est pas sa robe, c'est la femme qui la porte. Christian Dior veut que les hommes se félicitent d'avoir une femme en Dior. Les autres femmes leur plaisent ? La Femme Dior les fascine. Elle est plus belle, plus élégante que toutes les autres, incomparable en vérité.

1936. Christian Dior habite l'hôtel de Bourgogne, qui donne sur l'imposante place du Palais-Bourbon. Combien de fois ai-je couru pour ne pas être en retard aux rendez-vous fixés par Pierre Dux, à son domicile, rue Guénégaud ! Que de signes encore qui nous relient à Jean-Baptiste Poquelin ! C'est rue Royale que le destin conduira Christian Dior, au seuil de ses années de modéliste chez Robert Piguet. Le théâtre fera d'ailleurs les yeux doux à Dior. Celui-ci y commettra l'erreur d'y faire preuve de trop de virtuosité et de talent. Ce sont ses costumes de scène qui se feront, avant la pièce et les acteurs, applaudir, suscitant toutes les jalousies dans un milieu de hiérarchie et d'orgueil.

Les critiques lui reprochèrent de tirer la couverture à lui. De transformer la scène de théâtre en vitrine de luxe. Ils finirent par le décourager malgré son amour profond pour le théâtre, et l'amenèrent à renoncer aux costumes de scène, qu'il adorait.

Avec beaucoup d'humilité, il prétendit alors ne pas goûter plus qu'il ne fallait les affres des coulisses, les états d'âme et les exigences des monstres sacrés. Jean Cocteau, qui ne s'était pas gêné pour critiquer le déploiement de luxe des défilés Dior au sortir de la guerre, avait contre toute attente choisi pour la création de sa nouvelle pièce *Les Chevaliers de la Table ronde* la patte de Coco Chanel. Jean Marais me conta lors des répétitions du *Cid*, pour lequel Dominique Borg conçut des costumes sublimes salués par toute la critique, une savoureuse anecdote à propos de cette création du poète.

Cocteau avait décidé que le collant de Marais serait peint sur lui-même pour être porté au plus juste. Ainsi vêtu du collant, Marais s'était prêté, pendant de longues heures, assis sur son tabouret, à la peinturlure, comme il le racontait, par deux peintres improvisés pour l'occasion. Jean s'amusait beaucoup en narrant les fous rires qu'il n'avait pu s'empêcher de réprimer par moments à la vue de Christian Dior. Car c'était bien lui qui tenait le pinceau, sur ses jambes, à ses pieds. « J'avais Dior à mes pieds, cela me faisait une belle jambe ! » Et il éclatait encore à présent, des années après, de son rire si communicatif.

C'est tout Paris que Dior va un jour, et en un seul jour, mettre à ses pieds. Parce qu'il a en lui ce soleil qui illumine son âme. Un éblouissement intérieur, la marque des plus grands artistes. Les génies ont le pouvoir de voir ce soleil en eux-mêmes. Il brûle leur être. Rend leurs œuvres incandescentes. Claudel avait ce soleil en sa foi. Giraudoux en son intelligence. Guitry en son esprit. Camus en son humanité. Cocteau en sa lucidité. Zola en sa rage. Céline en sa morsure. Aymé en sa tendresse. Proust en son âme. Molière en son humanité. Corneille en sa conscience. Hugo en sa grandeur. La Fontaine en sa raison. Stendhal en son style. Racine en sa passion. Beaumarchais en sa révolte. Tchekhov en sa désespérance. Et Shakespeare en son génie. Christian Dior en sa grâce, en sa classe folle, en son élégance, en son charme, en son amour de la femme.

Dior aimait se déguiser. Le compositeur Henri Sauguet était très proche de lui. Il ne trahit jamais son amitié, même dans la tourmente. Il savait que Dior pianotait avec la vie. Avec quelques fausses notes pour mieux apprendre. Sur la vie, comme sur lui. Dans les amis de Dior, j'aurais pu citer Maurice Sachs, bien entendu. Mais attardons-nous sur Bérard qui, lui, fut transfiguré par le théâtre et surtout par son maître, Louis Jouvet.

Lorsque dans son atelier de la rue Spontini, le fantasque Bérard, dit Bébé, crée des toiles de poète fou et démesuré, Dior comprend qu'il a trouvé en cet autre Christian son double. Son parfait contraire, parfaitement complémentaire, son « tout ce qu'il ne serait pas ». Un jour, Dior aurait sa propre maison de couture, et il demanderait à Christian Bérard d'en décorer la boutique. Si Bérard allait dans tous les sens, c'est qu'il entendait n'appartenir à personne autant qu'il cherchait à se fuir lui-même.

Dior quant à lui ne cherchait ni à se fuir ni à fuir les autres.

C'est à cause de cette force peu commune, de cet esprit construit, architecturé, maître de lui, que Dior est tout naturellement attiré par son contraire, c'est-à-dire par la mobilité. Il sait discerner merveilleusement bien le mouvement de la vie, la moindre palpitation d'âme, et avec une infinie délicatesse. C'est ce mouvement qu'il insuffle à tout ce qu'il crée qui va le rendre plus grand que tous les autres grands. Contrairement à ces hors-la-loi de la vie, Doisneau ou Capa, qui n'ont rien inventé, dont l'art ne saurait reposer sur le mensonge mais se sera nourri de ces moments de vie et d'émotion, de la vérité à nu, Dior, lui, ne cherche surtout pas la vérité. Il a l'audace, le courage, la persévérance, la naïveté et le talent de la recréer. Il ne ment pas, il métamorphose. Il explore la vérité et découvre ce que la vérité ignorait d'elle-même. Il la révèle. Comme Picasso qui nous a révélé ce que nous ignorions de nos visages, replaçant nos oreilles, notre bouche, nos yeux là où notre vérité les y préférerait, Dior va révéler à la femme une autre beauté que celle à laquelle elle croyait bon de se soumettre.

Un imbécile a inventé le mot « pose » pour les modèles d'un photographe. Ce qui est stupide puisque l'art de la photographie consiste justement à ne pas prendre de pose mais à être vrai, naturel, vivant et non figé, jamais crispé, jamais faux devant l'œil sans pitié de l'appareil. C'est la vie que l'on recherche et non un *semblant*, une pose pour « faire croire que ». De la même façon, un crétin parle de mannequin pour ces jeunes femmes qui ne doivent pas être justement mannequin pour porter ces robes Dior. Elles ne vont pas défiler pour être épinglées. « Les mannequins posent, alors qu'ils aillent se faire voir ! » m'a dit un jour Roger Corbeau, photographe de cinéma et maître du noir et blanc. Le sujet à photographier devient, dès lors qu'il ne prend plus la pose, l'objet privilégié du regard du photographe et Corbeau entendait saisir son âme, mieux encore, la transparence de son âme.

Dior n'a pas besoin d'opium pour s'enivrer de la sensualité et de la beauté. Il veut seulement, en affamé de la vie, la dévorer à son rythme. Il « pharaonise » tout ce qu'il touche à la manière d'un Ramsès : « Que cela soit écrit, que cela s'accomplisse. » S'il s'est senti naïf parfois, maladroit dans ses pulsions de jeunesse, il les assume. Parfois exubérant, cocasse, il a su être un fêtard quand il le fallait.

À 30 ans passés, il décide d'apprendre l'anglais. Non pas pour le parler mais pour le comprendre. Tout ce qu'il entreprend doit avoir un sens et une utilité. Rien ne saurait être inutile et surtout pas le futile qui donne son sens à la vie. La mort ne cesse de le hanter. Il n'est pas superstitieux, il est super superstitieux. Le décès de sa mère à 51 ans le persuade qu'il pourrait disparaître au même âge. Cela devient une obsession. Elle-même terrifiée par ce funeste présage, madame Delahaye, dite madame D., sa voyante, le mettra en garde avant qu'il parte à Montecatini. Pourquoi n'a-t-il pas suivi son conseil ? Pourquoi est-il resté sourd à cette prémonition fatale ? Alors qu'il l'écoutait toujours ?

12

Il avait su jusque-là échapper à toutes les fatalités. Être homosexuel en était une, alors, et il sut l'assumer avec autorité et élégance. Il n'a jamais cédé aux clientes en leur offrant ce qu'elles voulaient mais en leur révélant ce qu'elles ignoraient vouloir au plus profond d'elles-mêmes. Un homme amoureux peut révéler à une femme ce qu'elle ignorait de sa personnalité, de sa sexualité comme de son caractère. Dior révélait à la femme ce qu'elle ne voulait pas admettre d'elle-même. L'art suprême de la distinction.

Que désiraient par-dessus tout les femmes, meurtries par la guerre, accablées de douleurs, la vie brisée par les deuils, défigurées par les angoisses et l'abandon, désespérées par la solitude et les trahisons ? Comment auraient-elles pu songer à redevenir femmes alors qu'elles prenaient sur elles des responsabilités terribles, luttant pour offrir à leurs enfants un monde meilleur, loin de la pauvreté et de la dureté de la vie ? Dior avait saisi parfaitement, pour les avoir côtoyées, que ces femmes cherchaient par-dessus tout à redevenir autres – une autre femme.

Les ailes de la renommée allaient s'ouvrir pour lui en 1947 pour le porter au plus haut. Ce qu'il ignorait, c'est qu'il se trouverait trop vite au bord du plus effrayant des précipices, après seulement dix années de gloire. Pierre Balmain, un temps chez Lucien Lelong comme Dior, avait créé rue François-Ier sa propre maison.

C'était le tour de Dior. Il fallait pour cela qu'une femme s'en mêle et devienne la main du destin. Ce fut la plus imprévisible de toutes, bien entendu. C'est précisément chez Lucien Lelong qu'en suivant ses conseils elle avait, la première, perçu les qualités émotionnelles d'exception dans le travail du modéliste, monsieur Christian Dior. Rédactrice en chef du plus célébrissime de tous les magazines du monde, le *Vogue* des États-Unis, elle se nommait Bettina Ballard.

Ce ne sont pas de simples modèles qu'elle découvre, c'est un nouveau style. Du jamais vu. C'est un frémissement qu'elle n'a jamais ressenti. Ce bon monsieur – comment dites-vous ? – Dior ? Elle réalise que ce modéliste parisien impose un véritable new-look à la femme. Après Dior, on ne pourra plus jamais la regarder comme avant. Il ne fait d'ailleurs pas dans ce salon défiler les modèles. C'est dans sa tête que Bettina Ballard voit défiler les mannequins car elle s'imagine immédiatement à leur place ! Et elle réalise que si elle s'y voit, toutes les femmes s'y verront aussi ! Le succès est inéluctable pour Dior. Nulle femme ne lui résistera. Cela ne fait aucun doute, tant l'ensemble homogène relève d'une main sûre. D'une main de maître. Il n'y a là qu'une maîtrise absolue sans aucune compromission. Elle vient d'assister à la naissance du futur empereur de la haute couture à n'en pas douter.

Bettina Ballard va alors réagir de la façon la plus incroyable ! Avec un à-propos extraordinaire, elle achète pour elle-même, sur-le-champ, une robe de soirée qui lui a tapé dans l'œil. D'une beauté renversante, et qui fera, pense-t-elle, pâlir d'envie dans quelques jours le Tout-Londres lorsqu'elle aura l'audace de la porter ! Il s'agit d'une jupe à mi-mollet satin noir du plus bel effet. Naturellement agrémentée d'un décolleté mousseline mauve pâle et accompagnée d'une veste, élégante en diable, cintrée à merveille. Elle désire la porter pour la première fois là où justement personne ne s'attend à une telle élégance. Bettina s'imagine déjà d'une séduction folle, au milieu d'une foule incongrue d'un night-club londonien très en vue pour que bien entendu elle ne passe pas inaperçue. Mais alors qu'elle est bien loin de s'en douter, rien, mais alors rien du tout, ne va se dérouler comme elle l'avait prévu ! Le destin en a décidé autrement.

Et malgré elle, Bettina Ballard va faire faire le premier pas, bien involontaire, à la gloire de ce bon monsieur Dior.

Pour bien peser ce qui s'est passé ce soir-là, il est judicieux de mieux cerner la vraie personnalité de Bettina Ballard. Meryl Streep aurait pu s'inspirer d'elle pour sa sublime composition dans le film *Le Diable s'habille en Prada* où elle campe une rédactrice en chef à l'identique. Si Meryl Streep était du côté du diable, Bettina Ballard était, elle, du côté de Dieu. Car pendant la Seconde Guerre mondiale, elle s'était engagée dans la Croix-Rouge. Son courage et sa détermination n'étaient donc plus à prouver. C'était l'une des raisons pour lesquelles la grande patronne de *Vogue*, la si puissante Edna Woolman Chase, lui avait confié ce poste prestigieux. Cette dame, véritable icône, consacrait deux numéros par an de son magazine aux collections, sous la haute responsabilité de Bettina, faisant ainsi depuis New York la pluie et le beau temps sur la mode européenne. Au grand dam de sa rivale du concurrent le *Harper's Bazaar*, Miss Carmel Snow. Célèbre pour sa pétulance et son sacré caractère, Carmel en imposait à tout le métier, tâchant à chaque occasion, coûte que coûte, d'imposer aux Américaines les plus éveillées l'élégance et le chic de Paris.

Le *Harper's Bazaar* réunissait des signatures de prestige qui hissaient le journal, au-delà du simple journal de mode, au rang d'un des fleurons de la presse américaine. Truman Capote, Isherwood, Cocteau, Virginia Woolf elle-même, et. comble des combles, Christian Bérard qui, quoiqu'en exclusivité chez *Vogue*, signait sous le pseudonyme de Sam des croquis originaux chez *Harper's Bazaar*. Les deux femmes semaient la terreur dans les défilés du monde entier.

Bettina ne se gêne pas pour imposer ses états d'âme. Son opinion, parfois cruelle, est sans pitié. Pour lui répliquer, sans en avoir l'air, Carmel privilégie ce qui peut s'avérer porteur d'avenir. Or, à Londres, au moment où Bettina se présente, accompagnée à la porte du club en vogue vêtue de sa robe Dior, l'improbable se produit : on lui refuse l'entrée. Sous prétexte que sa tenue serait trop indécente ! La discussion qui s'ensuit tourne au vinaigre. Mais nous sommes en Angleterre, où nul, serait-ce la reine en personne, ne saurait contourner les sacro-saints principes des règlements britanniques, qui imposeront par exemple à Wimbledon la stricte tenue blanche de rigueur sur le gazon anglais pendant plus d'un siècle. Et toute Bettina qu'elle soit, voilà l'une des femmes les plus puissantes du monde refoulée, et vertement. Le ton s'envenime, en vain. L'incident va faire l'effet d'une bombe : le scandale éclate à la une du très sérieux *Time Magazine*. On en fait des gorges chaudes pour stigmatiser l'île britannique, si « rigide », qui ne devra son salut qu'aux Beatles, bien plus tard, aux supporters déchaînés de Liverpool, aux motards fous furieux de l'île de Man et du Tourist Trophy, à Tom Simpson, Peter O'Toole, David Lean, Patrick McGoohan « le prisonnier », à *Chapeau melon et bottes de cuir*, et par-dessus tout à James Bond et l'Écossais Sean Connery, et

Jane Birkin, l'ange nu des années Petula Clark. La presse américaine diffuse l'information. Carmel Snow saisit l'opportunité de couper l'herbe sous le pied de sa rivale de toujours. Elle qui ne jurait que par Balenciaga, l'Ibérique flamboyant, va oser en février 1946 se faire l'apôtre de ce « bon monsieur Dior » en affirmant au Fashion Group de New York, qui reste bouche bée, que les acheteurs du Nouveau Monde risquent par négligence de passer à tort à côté du créateur d'avenir qui, à ses yeux éblouis, va révolutionner la mode depuis Paris, où, modéliste chez Lucien Lelong, son talent avait déjà impressionné tous ceux qui l'avaient approché.

En révélant pour la première fois le nom de Christian Dior aux yeux du microcosme le plus efficace de la planète, Carmel Snow déclenche une révolution. Ce que Bettina, vexée, n'a pas su faire, Carmel, fine mouche, le réussit. Une autre femme, amie d'enfance de Dior nommée directrice des salons, Suzanne Luling, va à son tour frapper fort en décrochant pour le *Women's Wear Daily* un article élogieux, paru le 17 novembre 1946. Photo de Christian Dior à l'appui, elle annonce que l'ouverture de la maison Dior porte désormais sur ses épaules tous les espoirs de la haute couture française.

L'avenue Montaigne est prête à entrer dans la légende. Surtout lorsque l'information partie de l'hôtel Scribe, qui fait face à Old England comme pour mieux narguer l'Angleterre, et aussi face au Grand Hôtel – où bien plus tard je savourerais chocolat chaud, tartines beurrées, assis avec mon copain d'école Yves Le Moign' au majestueux café de la Paix –, lorsque cette information est reprise par le plus grand des hebdomadaires : *Life*. Cela ne suffit pas d'être désormais attendu comme le Messie de la mode alors qu'il n'a encore rien prouvé qui justifie un tel honneur. Mais entre le 16 décembre 1946 et le 12 février 1947, Christian Dior réussit le miracle de devenir un maître.

13

Comment Poquelin est-il devenu Molière ? Ce moment où une vie peut basculer vers le meilleur comme vers le pire me paraît privilégié. Les fées, américaines, se penchent sur le berceau de Christian Dior en route vers sa seconde vie. Il va renaître avenue Montaigne, au numéro 30, prestigieuse avenue qui nous rappelle l'auteur des *Essais* et où Dior réussirait un coup de génie dès sa première collection.

Revenons en arrière un court instant. Dior est donc, en cet après-guerre déprimant, modéliste de talent, certes, mais pour la maison Lucien Lelong. Cela ne lui convient pas. En tout cas, cela ne le satisfait pas pleinement. Curieux de tout, ambitieux, il bout d'impatience. Il veut rayonner. Il veut devenir marchand de bonheur. Mercure du désir. Il y a depuis l'enfance chez lui cette réticence à se laisser guider. Peu enclin il est vrai aux confidences, hormis à ses proches les plus intimes, il ressent très vite une lassitude qui risque, si elle n'est pas endiguée, de le mener au découragement. Son seul avenir possible est d'en avoir un. Il doit quitter Lelong.

Sa situation lui devient chaque jour plus insupportable. Il n'a plus qu'une seule idée en tête : fonder sa propre maison. La maison Christian Dior. Pour cette tâche démesurée, il est prêt à tout risquer et à tout assumer. Il est d'autant plus sûr de lui, et du bien-fondé de sa démarche, qu'il n'a, au demeurant, qu'assez peu de chances de réussir. Sans aucun appui financier de poids, il ne réalisera jamais son rêve. Son instinct de risque-tout lui souffle à l'esprit que seul un joueur, un homme de paris, un homme du destin, peut le sauver. Ce sera le roi du coton, Marcel Boussac, qui vient cette année-là de gagner beaucoup d'argent, notamment grâce aux courses de chevaux. Un M encore, ce Marcel-là. Mais comment le faire adhérer à son projet ? Dior ne se sent pas l'âme d'un négociateur. Non, il est un créateur qui entend faire partager sa vision.

Si seulement Marcel Boussac savait de quoi Dior est capable ! Tout son passé remonte à la surface, alors qu'il s'apprête à pénétrer dans le bureau de Marcel Boussac pour un entretien où, il le sait, sa vie va se jouer. Dior sait que, lorsqu'on partage la même ambition, la même quête, la même passion, tout comme Bérard et lui-même, il suffit de peu de mots pour se comprendre.

Quelle passion est donc viscéralement rivée au cœur de Marcel Boussac ? La passion du jeu, le goût du risque, la certitude que le destin ne peut pas vous laisser tomber, que vous devez faire partie des élus voués à la réussite, et dont la force de caractère et la droiture d'âme vous sortiront de toutes les embûches, voilà ce que Boussac et Dior ont en commun. Comme savoir qu'ils peuvent, du jour au lendemain, tout perdre et repartir de zéro, persuadés qu'ils rebondiront cette fois pour aller encore plus haut !

Comment en était-il arrivé à croire en Boussac et, avant cela, à croiser sa route ? Boussac envisage au départ de relancer l'une de ses sociétés, Philippe et Gaston. Et c'est sur les conseils d'un ami d'enfance de Dior que Boussac s'attend à voir entrer dans son bureau le futur directeur artistique de cette maison. Dior, de son côté, pense trouver en la personne de Boussac un patron de courses qui lui mettrait le pied à l'étrier pour fonder l'œuvre de sa vie, la maison Dior. Un quiproquo digne de Feydeau.

Dior ne voulait plus d'une vie feutrée, anonyme. La mode zazou lui semblait atroce. Épaisses semelles, chapeaux démesurés, jupes mal coupées et trop courtes, vestes molles et relâchées, chevelures trop présentes et sans grâce, mode toute « trop » en tout. Boussac, en entendant Dior, comprend qu'il cravachera sans relâche mais bien pour ses propres couleurs. Pourquoi après tout le lui refuser, s'il peut lui aussi en tirer bénéfice ?

Il faut lui trouver l'écurie. Marcel Boussac, grand joueur, fait le pari Dior.

Il ne faudrait que dix minutes dans le bureau du magnat Marcel Boussac pour le convaincre de soutenir financièrement la création de la maison Dior.

14

Une modiste occupait le sobre petit hôtel particulier sis au 30 de l'avenue Montaigne. Elle s'était récemment décidée à en jeter la clé. Dior voulait la saisir au vol.

Boussac est convaincu. Tout va s'enchaîner. Dior sait qu'il lui faudra tenir ses engagements et trouver une allure de prestance à cette maison qui va naître. Il prendra comme devise : « Je maintiendrai. » C'est tout dire de la tenue comme de la coupe. Il se figure déjà à la tête de trois ateliers. L'administration devra être à la fois fidèle, discrète et attentive. Précurseur pour l'époque, il attache une grande importance au contact humain et s'alloue les services d'un département de relations avec le personnel, et avec les clients. Il ouvre grand les portes de la publicité, innovante et efficace.

Le temps lui est compté. L'ouverture est prévue pour l'automne ou, au plus tard, l'hiver – mais avant la fin de l'année. Il y tient, sur les conseils de sa voyante qui lui assure une année 1946 bénéfique jusqu'au bout. Il se sent assez sûr de lui pour tout maîtriser. Rien ne doit être laissé au hasard.

Pour commencer, le berceau qui va accueillir sa première collection doit la magnifier. Un lieu ni prétentieux, ni donneur de leçons, ni faux modeste. Il va traiter cet espace comme un modèle. Les salons Dior sont composés d'un ravissant décor de boiseries blanches habillé de purs meubles laqués, blancs eux aussi, d'une stricte élégance et d'une sobriété rassurante, soulignées par des tentures qui donnent un aspect théâtral, culturel, à l'ensemble. Un gris posé lui aussi, gris absolu, ni sombre ni terne. Un gris qui calme et magnifie, en les encadrant dans une clarté contrastée, des portes vitrées laissant pénétrer une lumière caressante sur les carreaux biseautés. Une lumière qui réchauffe le tout et vient s'assoupir sur les appliques de bronze. C'est un petit Versailles de la haute couture qui vient de naître, à deux pas de la Seine et de la Concorde, de l'Arc de triomphe et des Champs-Élysées, merveilleusement situé. Chaque détail relève ainsi d'une pertinence et d'une finesse qui font preuve d'un goût sûr, sans ostentation aucune, et qui offrent à l'œil comme à l'esprit, tous deux attentifs, ouverts, ravis, un adorable lieu. L'atmosphère n'est pas décorative, point de bric-à-brac. Elle est à l'inverse apaisante. Posée et silencieuse, pour qu'en pleine effervescence elle soit l'écrin des murmures admiratifs et des soupirs d'aise.

Dior avait choisi pour faire naître le salon blanc et gris perle très parisien les services de Victor Grandpierre. Christian Bérard crée une boutique qui évoque une fausse alcôve où les clientes se sentent d'emblée séduites. Ne prenons surtout pas, entre les deux Christian, Bérard pour le plus fantasque. C'est Dior, dont l'imagination est sans limites et débridée. Bérard a du culot, oui. Ce qu'il offre à Jouvet et Giraudoux comme à Molière relève d'un certain fourre-tout, pas du tout désordonné, mais plutôt soigneusement dé-rangé : chaque chose est à sa place, puisque sa place est justement d'être là où elle n'aurait jamais dû être. Bérard ouvre les murs du jardin clos d'Arnolphe et ose tendre, pour Cocteau, les bras candélabres à la Belle dans le corridor de la Bête. La cacophonie visuelle si colorée de Bérard, foisonnante et frissonnante à la fois, se goûte comme la jungle poétique d'un ogre aux doigts de fée.

Christian Dior, lui, est magicien. Sa magie donne à la femme la sensation qu'elle touche à l'essentiel : l'infinie beauté. Dior mise sur le fait que, étant nouveau, il doit tout oser. Et encore plus que cela. Être lui-même. Qui croit-il être en 1946 ?

Dior est l'élu de la mode. Il porte en lui plus qu'une mission, un destin. C'est à lui seul que revient le redoutable honneur de réagir contre la tristesse et l'accablement de l'après-guerre. Il a besoin pour mener à bien sa tâche de se retrouver face à lui-même. De s'écouter surtout. De ne pas se trahir. Et il aura cette remarque aux lèvres, qui passera à la postérité lorsque chaque année, à chaque nouvelle collection, il l'emploiera avant de s'éclipser pour travailler à sa création dans un lieu retiré, pour sa quiétude et sa concentration : « Demain, vous ne me verrez pas ! » Propos qui lui ressemble bien. À la fois péremptoire et qui n'autorise aucune contradiction. Mais aussi mise au point respectueuse envers sa garde rapprochée, pardon déclaré de ne pas être à leurs côtés, pour une fois, puisqu'il serait pris par la plus impérieuse des tâches : créer ses modèles.

15

Dior s'isole chez ses amis Pierre et Carmen Colle, en forêt de Fontainebleau, pour quelques jours fatidiques. Il marche sous la neige qui tombe, cette année-là, avec abondance. Elle l'inspire. Lui aussi veut illuminer de pureté ce monde abîmé. Il sait que son jardin extraordinaire s'ornera d'une première collection de femmes fleurs pour lesquelles il faudra forcément un parfum, Dior y tient, comme il tient déjà à les habiller de la tête aux pieds, des chaussures au sac, des gants au chapeau. Leurs tiges seront de taille fine. Leurs manches pistils et leurs jupes corolles larges, épanouies, couleurs jeunes et audacieuses, sans mièvreries. Franches et capiteuses. Épaules pétales souples et douces. Bustes captivants en diable. Elles sont lianes. Leur corps est littéralement moulé, d'un galbe naturel enveloppant. Dior en accuse fortement la taille, comme une offrande à saisir, il émeut par une poitrine mise en valeur, par une innocence et une évidence confondantes de douceur et de volupté.

La tenue des tissus est exemplaire. Le doigté rigide structure taffetas et percale. La soie est une deuxième peau. Dior crée près de quatre-vingt-dix modèles qui seront portés, pendant la présentation officielle, par seulement six mannequins qui vont réaliser le tour de force de paraître vingt ! Dior tient à ce chiffre 6, superstition oblige. Il hésite à rejeter mousselines, satins et jerseys pour privilégier les soieries teintes imposantes, les lainages secs, touches du goût sûr, et l'apport de crêpes nécessaires. Dior peut compter sur un personnel qui lui est dévoué, corps et âme. Ceux et celles qu'il a débauchés d'ailleurs et qui l'ont suivi pour défendre des valeurs qu'ils partagent au plus profond d'eux-mêmes. Dior s'appuie sur ces valeurs communes pour créer l'esprit Dior. Redonner de l'espoir au monde.

Il lui faut de la passion mais aussi de la sérénité. Ce besoin de faire preuve, constamment, de sang-froid est sans cesse présent en lui. Dior doit se forcer parfois à être absent de la partie et répartir les responsabilités sur ses proches collaborateurs. Il mène pourtant le jeu et on ne voit que lui lorsqu'il est là. Il ne flatte pas. Il motive. Il transfigure.

Il juge à raison que la simplicité est bien plus riche que la complexité. Il reste sincère et direct sans jamais verser dans l'arrogance. Jamais rien d'excessif ne s'échappe dans ses propos quotidiens. Il atteint aisément le cœur de chacun. S'impose comme un guide.

Parce qu'il est généreux dans tout ce qu'il entreprend, tout ce qu'il fait, tout ce qu'il est. À lui-même, il ne laisse rien passer. On ne manque pas d'être frappé par l'ampleur de son travail mais plus encore par la profondeur de sa pensée.

Il a un cœur mais se retient de le montrer à tout bout de champ. Il n'aime pas attendre ni tergiverser. Il ne truque pas, cela lui hérisse le poil parce qu'il déteste ne pas savoir et courir des risques injustifiés. Il se met en colère lorsqu'on oublie ce qu'il avait demandé et bien davantage si on oublie pourquoi il l'avait demandé. Même s'il s'en veut encore plus à lui-même de s'être adressé à quelqu'un qui n'était pas la bonne personne. Il n'oublie jamais qu'il ne saurait se passer des autres ni du dialogue. Il ne manifeste jamais le mépris justifié que certains interlocuteurs lui inspirent. Ne jamais mépriser est chez lui une règle. Certains de ses confrères le font, il veut l'éviter à tout prix. À l'issue de cette première collection, il sait qu'il va rencontrer soit le dédain des professionnels, soit, en cas de succès, une hostilité générale qui l'effraie déjà. Il fait tout et se démultiplie pour ne pas être pris en défaut.

Ce qui frappe le plus chez Dior, c'est la clarté de sa vision. Cet homme-là ne peut avoir que des lignes dans son cerveau. Sa spontanéité se ressent si fort dans ses créations parce qu'elle provient d'une culture profondément humaniste. Dior est une personnalité rare. D'un seul bloc. Comme un dé. À six faces, certes. Bien différentes. Mais indissociables. Et qui forment un tout à parts égales. Même si chacune, suivant les divers moments de sa vie, ne revêt pas la même importance.

Un sourire peut l'émouvoir aux larmes. Il est de ces êtres qui pleurent de rire et rient aux larmes, ne se forcent en rien, sont sains et naturels. Des êtres bons. Qui ne sont jamais dupes. De ceux qui ont trop souffert pour ne pas en rire. Pour ne pas privilégier la vie par-dessus tout. Il ne regarde que devant lui. Et loin surtout. Il pense que rien dans l'avenir ne changera vraiment. L'oppression, la terreur, la mort, l'horreur continueront à danser leur ballet tragique. Mais il veut laisser de son passage sur terre l'espoir retrouvé, la reconquête d'une féminité, une vie ressuscitée et vouée à la bonté, l'amour, la fête.

Il se sent fort. Plus fort que tout. Il n'est pas homme à s'extérioriser mais à s'exter-dioriser. Seul le travail acharné permet d'envisager la réussite, et cette réussite est tournée vers le monde entier. Rien n'est plus beau à ses yeux, ni plus émouvant, au terme d'un dur labeur parfois ingrat, que la ferveur du public. Il a juré à Marcel Boussac que sa renommée galoperait sur tous les continents. Sa seule façon de tenir après, si succès il y a, sera de ne jamais se répéter.

Il n'hésite pas à sillonner le monde quand il le faut. Il est bien décidé à prendre cette vie dont il avait rêvé et qui s'offre à lui, comme elle vient, en totalité, et sans frustration. Qu'il est loin désormais le temps perdu des usines d'engrais de son père ! Cette odeur épouvantable, âcre et piquante, des produits chimiques utilisés à outrance, Christian Dior la sent encore avec dégoût. Il préfère se rappeler celle, fraîche et iodée, du vent hurlant, s'engouffrant entre les rochers, comme dans ses poches trouées, sur la falaise de sa maison de Granville qui surplombe la mer folle de rage de ne pouvoir se hisser jusqu'en haut. Comme ce jour où la tempête rugit si fort qu'il sortit son mouchoir d'enfant en l'agitant pour la calmer. Son mouchoir qui lui échappa, et, telle une mouette, finit par se poser un moment sur le rocher avant que l'eau révoltée ne l'emporte.

Être né dans la Manche paraît prédestiné pour un couturier. Ce qui l'est davantage encore est d'avoir l'âme d'un patron. Il a le sens de la cérémonie, par conséquent, le sens du spectacle. Il théâtralise l'ordonnance. Ses répétitions générales demeurent un moment privilégié. Si l'on souhaitait ériger une statue de Christian Dior, la moindre des choses, ce serait de le sculpter en blouse blanche, baguette à la main, fine et longue, tel un instituteur des années 1930, indiquant la géographie de la femme, comme autrefois les côtes françaises, telle courbe ou telle frontière.

Ces journées de présentation de collection – sourire aux lèvres et allure conquérante – apportaient l'assurance que tout le monde serait en retard. Il fallait chaque fois un miracle pour être prêt à temps, rien ne se déroulait comme prévu, et chaque fois tous avaient la sensation que quelque chose d'incroyable se produirait. On était à deux doigts d'un triomphe comme de la catastrophe. Le jour même, les derniers coups de marteau résonnaient jusqu'à la dernière minute, comme les battements de cœur du destin. Dior avait interdit aux abeilles de sa ruche, notamment aux vendeuses, d'assister aux répétitions. Il ne souhaitait pas qu'elles puissent en répandre le miel avant le festin programmé. Seuls quelques privilégiés avaient le droit de découvrir, la veille du défilé, la collection qui serait jetée en pâture aux fauves le lendemain. Pour Christian Bérard, il ne s'agissait pas d'un miracle, mais d'une consécration. D'un aboutissement mérité. Venu d'on ne sait où, allant on ne sait pas jusqu'où non plus. Cette consécration éphémère d'un jour demanderait à être confirmée. Cela serait, aux yeux de Bébé, encore plus difficile. Mais Dior n'en était pas encore à défendre son succès, encore fallait-il déjà l'obtenir.

Un ouragan de bravos, une ovation continue salua la fabuleuse première collection de la maison Dior. Le new-look cher à Carmel Snow triomphait. Dior rendait à Paris son lustre et à la France meurtrie sa place de plaque tournante de la mode. La collection Dior quant à elle ne s'inscrivait dans aucun courant, n'était l'otage d'aucune tendance. Personne ne parvenait à y déceler la moindre faille. L'enthousiasme était à la mesure de la surprise et du talent. La lumineuse Francine Weisweiller va signer le premier chèque pour la maison Dior. La belle princesse au bras de Jean Cocteau ouvre le chemin de gloire pour le couturier.

16

Le monde de la mode n'aura, depuis, jamais été confronté à une telle frénésie. Dior a mieux perçu que quiconque l'évolution de son temps. Il est plus qu'un artiste, en un jour, il est devenu un exemple. Sa collection conjugue toutes les qualités pour plaire : surprendre, séduire, flatter et choquer. Et ce qui l'élève au rang si recherché d'événement, c'est sa connaissance de la femme. Un grand nom est né parce qu'il a laissé parler la femme et son corps. Son élégance, sa grâce. Inspirant tous les désirs et tous les rêves. Une femme faite pour rendre heureux et pour se faire plaisir à elle-même. Le corps redevient l'instrument privilégié de la femme pour son désir comme pour le désir des autres. Le nécessaire est son superflu, et le luxe lui est nécessaire.

La vie grimace malgré elle quelquefois. Elle a parfois des exigences qu'on comprend mal. Elle en trahit, alors qu'on ne s'y attendait pas, certains. Sans qu'on sache de quelle faute ils semblent punis, comme abandonnés aux pires malheurs. Cette vie n'ose pas encore s'en prendre à Christian Dior. Elle pense à autre chose. Elle est occupée ailleurs. Elle a bien saisi qu'elle a affaire à un homme parfaitement conscient de ce qu'il vaut, qui n'en tire néanmoins aucune vanité. Un homme qui restera jusqu'au bout un artisan acharné, malgré son insolente réussite, réussite ô combien méritée. Il y a, sous l'aspect débonnaire et cordial de Dior, un raffinement de l'âme. Tout chez lui n'est qu'authenticité. Jamais d'arrogance, d'apparence ou de convenu. Il met toute sa passion, et tout son cœur, pour atteindre le sommet. Il ne craint pas de se heurter au cynisme des créateurs qui ont, eux, bafoué son idéal.

Dior a surmonté ses doutes, maîtrisé ses hésitations. La détermination de tous est nécessaire. Ainsi se construit la seule manière de venir à bout d'un travail épuisant, stressant, harassant, même si ce travail se trouve, à la fin, couronné de succès et fait tout oublier. Christian Dior ressent chez sa garde rapprochée, comme chez lui, la sensation de paix intérieure que procure le travail accompli jusqu'au bout des possibles. Tant que cela durera, la maison Dior vivra.

Concentré chaque instant, tendu comme un arc pour tout ce qui touche à la maison Dior, il s'épuise. Il a tant de projets qu'une seule vie ne lui suffirait pas. Il ne se ménage pas. Il va le payer un jour. Comme

Bérard foudroyé par un infarctus en pleine répétition des *Fourberies de Scapin*, avec Jean-Louis Barrault, mis en scène par Louis Jouvet au théâtre Marigny.

Dior est là, dans la salle prestigieuse, lorsque le corps de l'autre Christian repose sur la scène même. Le couturier n'oubliera pas la réflexion de Louis Jouvet, après avoir appris la terrible nouvelle, et qui s'était précipité. Le Patron s'était entretenu brièvement avec Jean-Louis Barrault et Pierre Bertin puis Jouvet était monté sur scène où il avait tenté de se recueillir un bref instant. Gêné par les sanglots déchirants des quelques amis chers de Bérard, accablés de chagrin, assis à l'orchestre, éparpillés, Jouvet redescendit de la scène. Il traversa en sens inverse la salle. Et une fois arrivé aux portes qu'il venait d'entrouvrir, Jouvet se retourna en lançant cette terrible remarque dont tout Paris allait se gausser: «Silence, les veuves!» Dans le hall, quelques instants plus tard, Dior, qui s'en retournait avenue Montaigne, croisa de nouveau le regard du Patron qui avait posé son chapeau sur le rebord du bar du Marigny. Jouvet lui fit un petit signe de tête complice. Les deux hommes venaient-ils soudain de réaliser que leur sort ne serait pas différent? Et qu'ils s'effondreraient tous les deux aussi, foudroyés de la même façon? Je n'ose l'imaginer mais je ne peux m'empêcher d'y croire malgré tout. Étant tous deux si superstitieux, si attachés aux signes, comment auraient-ils pu ignorer celui-là?

Ce qui lie Dior et Jouvet, c'est ce don de soi au service des autres. Jouvet était à son époque une très grande star du cinéma, à la hauteur de Raimu. Le couple n'est pas sans évoquer, à Hollywood, James Stewart et Marlon Brando, hommes de théâtre et de cinéma. Jouvet a sacrifié le cinéma pour son bâton de pèlerin de chef de troupe. Dieu de l'écran, il devient Moïse et traverse sa mer Rouge à lui, l'Atlantique, pour sa glorieuse tournée de guerre en Amérique du Sud. Dior aussi refuse une réussite toute tracée. Ne serait-il pas devenu milliardaire s'il était demeuré patron de galerie, marchand de tableaux ? Braque, Matisse, Dufy et Picasso ne lui avaient pas échappé. Lui aussi préféra sa blouse comme manteau de pèlerin et sa baguette de couturier comme bâton de guide. Lui aussi choisira, au lieu de rêver sa vie, d'embellir celle des autres. Lui aussi endossera une vie intense, risquée, au lieu d'une confortable existence.

17

Je descendais de ma loge du théâtre des Mathurins, lors des dernières représentations de *La Peste* d'Albert Camus, la 800e précisément. Nous fêtions le millionième spectateur au petit bar d'en bas. Je suis tombé nez à nez avec l'affiche du chef-d'œuvre de Sheridan : *L'École de la médisance*. Marcel Herrand, l'inoubliable Lacenaire des *Enfants du paradis*, alors directeur du théâtre des Pitoëff, demanda à Christian Dior d'en créer les costumes. Dior triompha, certes, par le caractère de ses créations, éblouissantes. Mais au théâtre, tout doit rester homogène. Les costumes, comme les décors, doivent former un ensemble.

Or, le principe même de la création pour Dior, c'est l'individualité, la rareté, la différence. C'est-à-dire ce qui, justement, sort du lot. Dior veut que chaque femme réinvente pour elle seule sa propre façon de porter sa robe et de vivre avec. La robe de Christian Dior doit avoir du caractère, alors qu'au théâtre chaque caractère de la pièce doit avoir une robe. La robe devant se soumettre ainsi au caractère du personnage que l'actrice est censée représenter. Au-delà même de la forme et de la matière, la couleur est strictement imposée : Phèdre ne portera jamais de vert, Agnès de rouge ou Juliette de jaune. Dior ne peut accepter de se soumettre à la tradition. Il brûle du feu de la création avant tout. Ce qui le motive, c'est le risque, le danger constant. Car il lui faut coûte que coûte faire du neuf. Et convaincre. En donnant l'intime conviction que ce neuf n'est pas seulement du jamais vu mais aussi ce que l'on ne pourra plus voir après.

Architecte du corps, il construit ses bâtis. La ligne est la palpitation de la légèreté. Il ne sait pas encore dans quel ordre mais il porte déjà en lui cette kyrielle de créations qui iront de la ligne, esquissée au service d'une silhouette jeune et désinvolte, attachante et frémissante de 1948 pour une collection « Zig-Zag » en réaction à son triomphe du new-look à l'audacieuse et inattendue ligne « Verticale » de 1950 qui préfigure, on s'en doute alors, sa sœur contraire la ligne « Oblique », pertinente et insaisissable, et ses consœurs impatientes l'« Ovale » et la ligne « Longue ». Toutes agrémentées de gants, chapeaux, sacs, parures qui dans le jardin de robes fleurs papillonnent, s'y posent et s'envolent, virevoltent et vivifient l'ensemble merveilleusement. Trompe-l'œil des effets de poches, ravissement des décolletés qui épanouissent le buste pour mieux le goûter – comme de sublimes roses, ouvertes.

Naissance du Rouge Dior d'une perfection intense, absolue, inégalée. Jupes allongées, taille marquée, robe corolle célébrée dans le monde entier, nous sommes en dix ans seulement loin des débuts. Le succès est immense. L'empire Dior grandit. Pourtant, rien ne change dans l'esprit.

En évoquant devant son personnel son obsession des lignes volontairement féminines, c'est-à-dire changeantes dans le mouvement, à chaque instant, comme la femme elle-même chaque seconde, Dior entend fuir l'immobilité. Il la hait parce qu'elle préfigure à ses yeux l'attente. Il ne supporte pas l'attente. Comme celle qui lui tordait les tripes pendant les années de camp de Catherine, sa sœur. Au-delà de la reconnaissance qu'il éprouva envers le ciel quand il la retrouva, il réalisa, à la difficulté qu'elle eut à se nourrir à nouveau, que la vie exige de chacun d'entre nous qu'il donne le meilleur de lui-même pour justifier qu'elle vous épargne, vous et les vôtres. Dès lors, ne pas se battre à chaque instant devient très vite une insulte à la vie. Et elle vous le fait payer, un jour ou l'autre.

Ce qu'il faut, c'est toujours avancer. Oser. Car personne ne saurait rester en place. Et refuser d'avancer, c'est immédiatement aller à reculons. Le secret, la seule morale, c'est entreprendre. Mordre la vie. Lui arracher ce qu'elle a de meilleur. Pour devenir soi-même meilleur encore. Dior a vite réalisé qu'on apprend à diriger en dirigeant. Il comprend aussi que diriger n'est pas seulement commander pour obliger les choses à s'accomplir dans le bon ordre, mais c'est aussi partager, pour que chaque chose soit faite avec conviction et amour. Dior a le culte de l'authenticité dans ses relations avec les autres. L'enjeu est passionnant. Se faire respecter, certes, mais aussi se faire aimer.

Il y réussira. Le plus difficile à convaincre, ce sera lui-même. Il lui faudra plus de temps pour se séduire, s'accepter lui-même, ne plus craindre de ses propres réactions, de ses manquements, de ses angoisses comme de son enthousiasme ou de sa naïveté. Il se connaît trop et s'évite souvent. Il ne se retrouve face à lui que devant la feuille blanche. Faut-il qu'il accepte alors de s'ouvrir vraiment pour donner le meilleur de lui-même : sa vraie folie, sa vraie générosité, sa grâce et son désir ?

Ses quarante premières années lui ont permis d'apprendre. Il est temps désormais de comprendre. Comprendre ce que son destin attend de lui. Lorsqu'il impose les hauts talons, c'est pour redonner sa volupté à la cambrure de la femme, sans hypocrisie. Il la veut plus sensuelle encore. Il la veut maîtresse et libérée. Le destin de la femme du XXe siècle passera par cette révolution Dior. La donne change, la domination sexuelle change. L'ampleur des robes correspond au mystère que Dior veut redonner à la féminité. Pas de désinvolture, mais de l'aisance et de l'audace. C'est beaucoup plus excitant et provocant.

Le Dior Building s'élève, imposant. Les parfums dominent le rez-de-chaussée. Trois étages d'ateliers fourmillent, impatients. L'immeuble va jusqu'au septième étage où se trouvent une infirmière nécessaire et le service social. La boutique s'agrandit sans cesse. Dior rêve de tout. Tout se réalisera. Naîtront aussi les succursales : new-yorkaise d'abord, dans le monde entier ensuite. Cela aussi Dior en a rêvé. Des licences, de l'Australie au Canada, en Amérique du Sud, au Mexique, des Antilles jusqu'à Cuba. Dior mérite-t-il une telle réussite ? Il aime ce qu'il crée. Il est convaincu de ce qu'il fait. Il en est fier. Cela se ressent partout, en tout. Il ne laisse rien passer qui n'emporte sa totale adhésion.

Il est encore flexible, mais toujours exigeant et sévère. Envers lui-même, envers les autres. Il pense toujours qu'on peut faire plus à défaut de faire mieux.

Le talent n'est pas tout, il y faut la manière. Une attention sans faille mérite, seule, le respect. Ne rien laisser au hasard, s'attacher au détail le plus anodin. Une vendeuse parle mal à une cliente ? On la rappelle à l'ordre. Mais si, une fois la cliente sortie de la boutique, une vendeuse médit d'elle, alors on met la vendeuse à la porte. Le manque de respect prévaut sur le manque de savoir. L'indélicatesse est impardonnable. Christian Dior, ce n'est pas seulement un style, mais une éthique. Pour cela aussi, ce bon monsieur Dior mérite notre admiration.

J'ai évoqué le fait qu'il travaillait beaucoup, même trop, ce qui risquait de lui ôter le recul nécessaire, indispensable, pour avoir un bon jugement. Mais ce qui a sauvé Christian Dior, et qui constitue la véritable raison pour laquelle il s'en est sorti aussi bien à chaque fois, et a réussi à triompher, à chaque collection, à convaincre davantage, sans jamais décevoir, c'est que Christian Dior n'a jamais cessé d'apprendre. Au cinéma, on pense à Clint Eastwood. Que de nouveaux pas, que de nouveaux risques, que de nouvelles vertus à chaque fois ! Et donc que de nouvelles réussites ! Dior, comme Lelouch, Spielberg, Schmitt, Guitry, Eastwood, Ford, Picasso, Mahler ou Gershwin, n'a cessé de creuser pour devenir meilleur, plus profond donc plus vrai, plus simple, plus sûr. Il ne s'agit plus d'illumination instinctive. Ni de fantaisie en réaction aux cruautés qui ont jalonné sa vie. Il ne tolère toujours aucune contrainte. Il ne veut plus rechercher la perfection mais l'atteindre. Et ne plus la lâcher.

18

Tout dans sa sensibilité parle à l'âme féminine. Si ce sont les femmes qui portent ses robes, ce sont les hommes qui les regardent. Et Dior connaît le regard des hommes. Il sait ce qu'ils regardent chez une femme : ce qu'elle ne montre pas. Ses seins. Ses fesses. Ses reins. Ses cuisses. Son sexe. Sa peau à caresser. Son cou à embrasser. Sa chevelure à tordre. Son dos à tenir. Ses pieds à prendre. Ses chevilles à sentir.

Dior sait que les hommes sont dingues. Qu'ils ont besoin de fantasmer pour se croire dominateurs et soumettre la femme comme une chienne consentante. Le jeu de la séduction, Dior en connaît toutes les règles. Il sait les hommes tricheurs et menteurs. Il entend défendre la femme. Même s'il admet aussi que les femmes ne sont pas toutes des anges, il trouve, avec délicatesse et compréhension, qu'elles ont toujours des raisons de ne pas l'être. Dior veut plaire aux hommes autant qu'aux femmes. Mais de toute autre façon. Les femmes doivent se sentir « femme plus que femme » en portant du Dior. Elles doivent se sentir devenir une autre femme. Celle à laquelle toutes les femmes rêveront de ressembler. Et celle que tous les hommes chercheront à posséder. Dior a trouvé le secret de la femme : se sentir femme. Non pas celle que les hommes voudraient qu'elle soit, une sorte de putain pour lui, d'épouse pour les autres, et de mère pour les enfants. Dior a saisi que les femmes voulaient être la femme dont elles rêvent. Pas pour les hommes. Pas pour le sexe. Pas pour la famille. Mais pour elles. C'est à elles qu'elles veulent plaire. C'est à elles que Dior a compris qu'il fallait penser. Ni épouses, ni mères, ni putes. Femmes. En Dior, oui, donc tout simplement femmes.

Personne avant William Shakespeare n'avait écrit pour les femmes des rôles aussi profondément humains. Avec son génie et sa fougue, le dieu du théâtre n'a jamais atteint ce que seul Jean Racine a su toucher : l'insondable mystère de l'âme féminine. Et aucune Lady Anne, Cressida, Cléopâtre, Ophélie, Katarina, Lady Macbeth, Rosalinde ou même Juliette ne réussissent à rivaliser avec Phèdre, Bérénice, Hermione ou Agrippine du génie racinien. Esther en imposera toujours à Desdémone. Christian Dior est le Racine de la haute couture. La même grâce, la même sensibilité, la même rareté d'âme aura parcouru leur œuvre. Comme Dior en une décennie, comme Racine en son siècle. Une joie intense nous parcourt à la vision des deux œuvres. Lorsque le roi lui-même invite Racine à laisser à la postérité l'histoire de son règne, on pense à Dior faisant la une du *Time*, honneur insigne jamais offert à un couturier auparavant, qui entre ainsi, lui aussi, dans l'histoire.

Au-delà du savoir-faire, toute la profession réalise que l'avenir appartiendra à ceux capables de « faire savoir ». L'influence des médias ne cesse de grandir, jusqu'à devenir insoutenable. Dior tient ses énormes ciseaux sur ce portrait qui fait le tour du monde, comme un chef d'orchestre tiendrait sa baguette. Il a tendu tout son être vers cette cadence qu'impose le mouvement de la femme, sa partition à lui, en grand couturier. Dior bat la mesure du corps comme le chef d'orchestre bat la mesure du temps. Question de rythme pour la musique, question de style pour la couture. Son cœur bat à l'unisson de celui des femmes du monde entier. Dior n'aurait eu que du talent, on lui aurait reconnu du génie d'avoir su à tel point le vendre, mais Dior avait du génie parce que son talent fut reconnu sans qu'il ait justement besoin de le vendre. Dior a toujours refusé toute compromission. Il ne suivra jamais la mode, la précédera toujours.

Pendant ces dix ans qui lui restent à vivre, sa renommée ne cessera de grandir. Toutes celles qui l'ont suivi, tous ceux qui l'ont accompagné se sont pliés de bonne grâce à cette recherche effrénée d'un absolu de la mode. Il a réussi son projet. Faire porter sur elle un nouveau regard. Lui faire adopter une nouvelle attitude. Les attitudes, seules, en imposent. À commencer par le respect. Et l'admiration. Dior a ainsi réussi le tour de force de « messaliniser », de « cléopâtriser » une femme nouvelle, humble héroïne de la vie quotidienne ne rêvant que de réfrigérateur, d'aspirateur et de machine à laver, pour en faire une femme « diorisée », idéalisée.

En 1946, seul devant tous ses croquis étalés au sol, tels des éventails, dans ce salon de Milly-la-Forêt, Christian Dior réfléchit. Il en a près d'une centaine. Il sait qu'il va revenir le lundi à Paris et les présenter à sa garde rapprochée. Avant de souffrir cet examen de passage obligé, il veut se le faire passer à lui-même. Scrupuleusement, il s'agenouille, saisit, une par une, chaque esquisse, il touche l'impalpable en même temps qu'il l'imagine dans sa finalité. Ce ne sont pas les croquis qu'il regarde mais ce que ces croquis donneront à voir. De lui, de sa pensée, de son style. Il se rappelle qu'il n'a voulu créer cette maison Dior que pour s'élever dans des sphères inaccessibles aux autres. Si vous voulez ne rien faire de votre vie, tenez-vous-en aux règles et ne vous en écartez pas. Vous resterez dans le rang. Dior se convainc croquis après croquis qu'il sort du rang. Il a trouvé les bonnes réponses aux questions que les femmes se posent. Il se sent digne de la confiance que lui a prodiguée son entourage. Il s'est investi pleinement dans la tâche confiée. L'obsession du beau.

La beauté est une balance qui oscille parfaitement entre la perfection et la grâce. Perfection du trait. Grâce de la force. Chateaubriand tenait la perfection. Stendhal avait la grâce. Ils auraient eu les deux, ils eussent été Proust. Deux esquisses se ressemblent ? Dior n'en garde qu'une. Il refuse de se répéter. D'une création à l'autre, il veut se surprendre lui-même et aller là où on ne l'attend pas. Il ne pense pas qu'il découvre à proprement parler mais qu'il recouvre au contraire des beautés, des formes, des couleurs inscrites dans sa mémoire, laissées par lui enfouies, sachant qu'un jour il les ressortirait. Il a l'humilité du vrai créateur qui sait qu'il n'invente rien mais qu'il innove seulement en reliant entre eux des éléments qui n'auraient jamais dû se rencontrer.

Son coup de crayon relève du coup de patte. Il doit rester d'une précision impérative, d'une finesse séduisante, d'un jeté tout à fait extraordinaire. Cette mine sur le papier, ces croquis sur le sol, ces coups d'œil jetés sur l'ensemble sont à l'image de la façon même dont ce bon monsieur jetait littéralement son pied à chaque pas. Même son cœur, Dior le jette en pâture. Avec sincérité. Mais ce sont là des blessures qui font grandir.

Dior se met à sourire devant ces dessins-là, près de Fontainebleau, qui s'éparpillent. Il s'interroge. Que dessine-t-il au fond ? Rien, en fait. Il ne dessine pas. Il en a là la conviction. Dessiner, c'est donner forme, n'est-ce pas ? Dior refuse d'être formel. À l'inverse, il transforme. Christian vient de découvrir, face donc à ses esquisses miroir, qui est vraiment Dior ! Il ne fait que tracer et non pas dessiner. Il a mission de laisser cette trace-là sur terre, après lui. Il trace en lignes, en courbes, en traits. Traits de génie parfois. Comme un aiguillage de sa pensée. Au train d'ailleurs où cette pensée se déploie sur ces feuilles, il ne lui faut que quelques secondes à chaque modèle pour juger s'il a vu juste ou s'il s'est laissé piéger par son imagination. Il se méfie de l'imagination. Elle enjolive tout. Elle est souvent paresseuse. Elle flatte presque toujours. Il lui préfère la raison de la vision. La vision ne ment jamais. Au contraire, elle dérange, agresse parfois, mais se justifie toujours. Elle est salvatrice, parfois même prémonitoire.

Dior visionnaire est beaucoup plus conséquent, plus fort, plus éternel que Dior imaginatif. Il va ainsi beaucoup plus loin qu'il ne pensait. Il va garder plus de quatre-vingt-dix modèles, choisissant ceux qui le surprendront, certain que ceux qui ne le surprennent pas ne surprendront pas non plus la cliente. Une fois de plus, Dior sait se maîtriser. C'est de là qu'il tire son invincibilité. Il ne se laissera jamais aller. Ni à la prétention ni à l'aveuglement. Il se cabre mais ne lâche pas la bride. La retenue va de pair avec l'exigence.

19

La Providence l'a amené au bon endroit au bon moment, en face des bonnes personnes. Fallait-il encore qu'il décide d'avancer dans le bon sens. Tous n'ont pas ce talent-là. Peut-être le plus important de tous. Savoir exactement ce que l'on veut. La femme que l'on veut. L'homme que l'on veut. Le métier que l'on veut. La vie que l'on veut. Et pour certains, la mort que l'on veut. La plupart des choses qui nous arrivent dans la vie sont précisément celles que l'on ne veut pas. Alors quand, comme Dior, on se décide un jour à abattre les cloisons du « qu'en-dira-t-on », quand on choisit enfin où l'on veut aller et ce que l'on veut faire, on ne peut qu'être félicité. Avant même qu'il ne revienne à Paris, Christian Dior pense à ce qui l'attend.

Cette première collection est beaucoup trop attendue. Tout peut se retourner contre elle. La date du 12 février 1947 est bien loin et en même temps si proche. Il tente de se rassurer. Tout ne sera prêt qu'au dernier moment, il en est sûr. Il prend la décision d'une pré-présentation à quelques amis, pour se rassurer avant le jour fatidique. Il commet l'erreur de jugement du néophyte. Ce genre de fausse première, si elle est ratée, décourage plus qu'il ne faut. Si elle est réussie, à l'inverse, elle porte souvent la poisse et aveugle sur ces imprévus qui ne manquent jamais de surgir le soir de la vraie première, et qui font tout échouer. « Si ma mère avait vécu, jamais je n'aurais osé ! » dira-t-il la veille du défilé. Comme il aura aux lèvres, le jour de la véritable présentation, cette si jolie remarque, après un triomphe digne d'un César. Il fut poussé, malgré lui, pour venir saluer les invités éblouis le consacrant de leurs acclamations : « Quoi qu'il puisse m'arriver d'heureux dans la vie, rien ne pourra dépasser ce que j'éprouve en ce moment-ci ! » Ce que l'on prit ce jour béni du 12 février 1947 pour la découverte d'un nom était bien en réalité la naissance d'une légende.

Autant en emporte Dior : Olivia de Havilland, Mélanie oscarisée, inoubliable, commande le tailleur « Passe-partout ». Rita Hayworth renoue avec Gilda, aux yeux de tout Hollywood, parée de la robe du soir « Soirée ». Vivien Leigh, Scarlett elle-même, et son époux, le plus grand acteur de tous les temps, Laurence Olivier, sont éblouis avenue Montaigne, Christian Bérard les accompagne. L'heureuse providence a ouvert ses ailes pour emporter Christian Dior jusqu'en

Amérique ! Les journaux français n'écrivent pas une ligne sur le défilé triomphal. Pourquoi cela ? La presse française est en grève ce jour-là ! La gloire foudroyante de Dior commence donc à New York.

Les médias américains sont les premiers à relater l'événement. L'astre Dior vient de se lever à Paris. Une pluie d'éloges lui déploie un tapis rouge, jusqu'aux États-Unis. Quand les journaux français prennent enfin le relais, la légende est déjà née. Et au lieu de parler d'une découverte, ils célèbrent une légende déjà connue du monde entier. Dior vient de réussir un coup de maître, rattrapant tous les ténors de la haute couture française. Les acheteurs les plus célèbres du monde, les plus fameuses plumes, les stars vont maintenant défiler à leur tour. Tout comme les Parisiennes. Ou ces dames de province montées à Paris, exprès, pour aller chez Dior. La rue aussi le plébiscite. Il assiste par revues de mode interposées aux venues de Juliette Gréco, de Nancy Mitford, jusqu'à celle de Brigitte Bardot, chez Dior. Il n'y a plus de rive droite ou de rive gauche, toutes les femmes sont désormais « rive Dior » !

Dior ne se fait pas une clientèle, il s'octroie des fidèles. La haute société et la haute couture vont de pair mais ne sont plus exclusives. Dior bouscule tous les clichés. Femme fatale, certes oui, mais femme inaccessible, non. Hautaine, non, grande dame, oui. Dior sait qu'il ne se satisfait pas d'une mode éphémère. Le new-look fait face à une demande effrénée. Il savoure à peine le succès, même s'il en réalise la portée. Il est déjà ailleurs et s'est remis au travail. Il mesure sa chance. Cette fois, tout joue en sa faveur mais qu'en sera-t-il la prochaine fois ?

C'est un immense soulagement pour ces femmes des années 1950 qui se profilent déjà. Cette rage de revivre, cette volonté touchante de n'être pas seulement des machines à laver, cuire, nettoyer, subir ne se retrouvera pas chaque année. Ce rêve retrouvé d'être à nouveau désirées, les femmes ne le revivront pas à chaque présentation de la maison Dior. À la libération de la France, Dior vient d'ajouter la libération de la Femme.

Dior donne à la femme le refus de la soumission aux désirs de l'homme. Il la persuade qu'elle est en droit désormais de dire non à la laideur, au laisser-aller, au commun. Les femmes comprennent que, grâce à Dior, elles sont si belles qu'elles en deviennent plus femme que femme. Le pari est gagné. Dior a créé la femme. Toutes les femmes en Dior se sentent désormais des déesses.

Chanel et Dior n'ont pas semblé tisser de grands liens, jusqu'aux obsèques où Coco ne put se rendre. Certains affirment qu'on l'aurait entendue dire que Christian Dior « tapisse les femmes plus qu'il ne les habille ». Dior toile les femmes. Il ne les tapisse pas. Quand tant d'autres sont tombés dans le piège si facile de l'épure, sous le prétexte fallacieux de moderniser la femme alors qu'ils ne sont que tombés dans le convenu, si vite démodé justement, Dior, lui, l'invite seulement à se soumettre aux règles de l'élégance et du bon goût, auxquelles elle se plie avec grâce. Si Coco Chanel a donné à la femme un tempérament de feu et de jeu, Christian Dior, lui, la pigeonnera, la capelinera, l'enfeuillera. Ainsi exprime-t-il sa fidélité à une femme belle et libre.

Les Américains l'ont impressionné par une retenue et une propreté sans cesse mises en avant, une fougue, une autorité. La succursale new-yorkaise défend bien sûr l'esprit Dior. Mais Dior doit faire avec l'état d'esprit de la femme américaine Plus que femme, elle est femme américaine. Il s'en est déjà rendu compte en conversant avec Porfirio Rubirosa ou Son Altesse Ali Khan qui magnifient la femme et qui, comme Dior, sont fous d'amour pour la Française, femme avant tout. La robe de bal créée par Christian Dior pour la princesse Margaret fascine le monde entier. La garde-robe, fatale, de Marlène Dietrich pour *Le Grand Alibi* d'Alfred Hitchcock, celle de la sublissime Edwige Feuillère, celle encore de Dominique Blanchar, inouïe dans *L'Apollon de Bellac* de Jean Giraudoux, celle de Barbara Hutton, de Pamela Churchill, de la duchesse de Windsor, celle, magnifique, de Jane Russell ou encore celle de la redoutable Gloria Guinness agrémentent la légende Dior. Comme cette robe de mariée que rêve de porter Brigitte Bardot pour le film de Pierre Gaspard-Huit *La mariée est trop belle*, ravissante comédie, mais que Dior lui refuse sous prétexte qu'il ne souhaite pas voir ses créations vulgarisées à l'écran. On doute que ce bon monsieur puisse commettre une telle maladresse. Mais pour que vous sachiez tout, il fallait, vraie ou fausse, l'évoquer. Citons aussi Leslie Caron, exceptionnelle personnalité, amour de petit bout de chou, Shirley MacLaine française, qui triompha en Dior dans le ballet de Boris Kochno et Roland Petit *Les Treize Danses*.

La femme se sent belle habillée par les grands couturiers. La femme se sent femme vêtue par Dior. Dior a le sens de la couture comme un grand écrivain a le sens de la formule.

20

Christian Dior aura participé au renouveau des forces de la vie comme l'un des «Justes» de l'art. Tuer ne demande aucun talent. Lorsqu'il s'agit de tuer pour sauver des êtres, les défendre ou les libérer, lorsque tuer s'impose parce qu'il n'y a pas d'autre solution, cela demande du courage, du renoncement et de la conviction. Christian Dior a tué l'ennui et la désespérance. Il a tué les convenances et les *a priori*. Il a tué les idées reçues sur ce merveilleux monde de la haute couture si mal connu, si mal jugé parfois. Par ignorance comme par jalousie. Comme l'opéra l'était, l'est et le sera encore. Les choses évoluent heureusement pour l'opéra. Elles évolueront aussi pour la mode. Christian Dior fut un volcan de tendresse, en fusion continuelle, prêt à jaillir, à tout moment.

Un grand couturier doit toujours sa réussite aux femmes. Mais Christian Dior doit la sienne à la Femme.

Celle qui se cachait en chacune d'elles. S'adresser aux femmes dans leur ensemble, c'eût été être obligé de plaire à toutes. Donc d'arrondir les angles et de les flatter pour obtenir un consensus, se faire accepter du plus grand nombre. Et pour cela, ne prendre aucun risque. Dior s'y est refusé.

Dior sait ce que la haute couture a de haut : elle cherche à atteindre le sommet de l'exigence. Ce sommet, on ne peut l'atteindre que seul. Il n'y a là-haut qu'une place et, aux yeux d'une femme, Christian Dior l'occupe. Il persuade la femme que cette robe Dior qu'elle va porter, personne ne la portera comme elle. Cent mille robes sont ainsi achetées. Créées à partir de seize mille croquis. Avec près de deux mille kilomètres de tissus. Tout cela pour une seule décennie et à une époque qui ne compte ni les machines ni la technicité d'aujourd'hui.

Christian Dior a la générosité, au sommet de sa gloire, de désigner son dauphin, dauphin qu'il entend désormais privilégier. Celui-ci se nomme Yves Mathieu Saint Laurent. Ce jeune homme, « Beau du Seigneur », fils du soleil d'Oran comme Albert Camus, est bien le Marc Antoine de Dior, Pierre Cardin en étant le Brutus. Deux talents d'avenir. Tellement opposés. Tellement authentiques. Si le prix Nobel de couture existait, Yves Saint Laurent en eût été le plus jeune récipiendaire, tout comme le fut Albert Camus. Christian Dior et Yves Saint Laurent ne furent pas seulement liés par le destin. La marque des grands couturiers est de devenir eux-mêmes mais surtout, pour les plus grands, de le rester. On entend toujours aux défilés courir cette phrase : « Quelle merveille ! Quel talent ! Quelle réussite ! Ce couturier fait des merveilles de rien ! » C'est une erreur : un vrai grand couturier fait des merveilles de tout. C'est la marque des plus forts. Dieu, s'il existe, a su faire des merveilles de tout sur terre. De tout son monde. De toute la nature. Merveilles enivrantes autant que merveilles effrayantes. Dior a su faire durant ses onze ans de création, sans limites et sans partage, des merveilles de tout. Comme Yves Saint Laurent après lui.

Dior ne nous manque pas. Il reste présent comme le La Fontaine de la haute couture française. La morale de Dior est la même que celle de La Fontaine : tout est permis à la beauté et à la bonté. Rien ne doit l'être à la laideur et à la haine. Lorsque Carmel Snow déclara que « Dior [avait] fait pour la couture parisienne ce que les taxis de Paris avaient fait pour la France à la bataille de la Marne », elle intronisa le *Frenchman*. En tournée aux États-Unis, Dior, très Maurice Chevalier aux allures d'Hitchcock, chapeau à la main de Chicago à Dallas, rempli d'humour, chaleureux, Dujardin avant l'heure, ambassadeur d'une modestie bien française de Los Angeles à Boston, eut autant de succès qu'un Bob Hope. Christian Dior en fut si heureux ! Acclamé et parfois même agressé par des maris jaloux. Il n'est pas devenu américain mais a adoré l'Amérique. Il fut très sensible au pays de la liberté où tout lui semblait possible, tandis que l'Union soviétique communiste l'effrayait parce que, justement, plus rien n'y était à ses yeux possible.

Dans son livre *Christian Dior et moi*, remarquable par son style, parfaitement abouti, à l'image de tout ce qu'il signait, Christian Dior évoque sa double personnalité : Christian qui traversa une vie de souffrances et Dior qui la magnifia.

21

Dior décide alors de penser à lui. Il vient de passer l'équateur de sa vie, la cinquantaine. Il est temps de songer à sa demeure de paix. Pour, là aussi, prouver à ses parents que sa réussite aura été complète. Il a eu beau revivre sa jeunesse lors des nuits de fête où il adore, comme un gosse, se grimer de moustaches, faux nez, chapeau papier, œil de velours, il possède l'âme d'un châtelain. Et c'est entre Draguignan et Grasse qu'il s'établit, tombé amoureux d'un ancien relais de poste. Il va bien entendu le remodeler, l'habiller, le rebâtir à son goût comme un petit Versailles des coteaux.

Il rêve d'une quiétude qui, en vérité, ne lui ressemble pas. Il sent probablement, sans le réaliser vraiment, qu'il n'aura jamais le temps d'en profiter. Des travaux conséquents débutent trois ans avant sa disparition. 1954 : année Louison Bobet au Tour de France. Dior commet une autre méprise. Il ment pour la première fois. Il triche même. Il veut faire croire que ce relais est une demeure ayant existé depuis des lustres, et pourquoi pas, comme les seigneurs de Granville, se retrouver au temps passé. Lui qui n'a jamais ignoré qu'on ne peut pas bâtir sa vie sur le mensonge vient de commettre là une erreur qui va s'avérer fatale.

Toutes les femmes sont belles mais toutes ne le savent pas. Tout le monde peut écouter et donc aimer forcément l'incomparable Mozart. Mais tout le monde n'ose pas. Pensant, à tort bien entendu, que l'opéra exige d'être cultivé. Pas besoin pourtant de l'être, cultivé, pour entendre les oiseaux chanter, le vent murmurer, la mer rugir, la pluie tapoter, l'orage gronder, les feuilles frissonner, les arbres frémir, le ruisseau clapoter, la source couler. Ni pour voir le soleil rougir en se couchant, furieux de disparaître, ni pour voir la lune pâlir, timide en diable. Ni pour sentir l'odeur de la rose ou celle du jasmin. La seule culture nécessaire pour la nature comme pour la couture, c'est la culture du vrai. Et le vrai, c'est le travail. Rien d'autre n'existe. Le travail de la nature est incomparable. Sans cesse recommencé à chaque saison de la vie. Tout enfanter, tout construire, tout tenir et tout perdre. Pour tout recommencer à nouveau en sachant que tout devra encore être perdu.

Dior fait mieux qu'embellir les femmes, il embellit l'idée que les femmes se font d'elles-mêmes. Il démontre qu'une femme qui se sent belle le devient. Les robes de haute couture demandent pour certaines quelque

800 heures de travail, elles font preuve d'une virtuosité sans égale dans la coupe. Dior va connaître, aux États-Unis, des réactions très fortes mais contradictoires. New York acclame le couturier new-look, alors que Chicago est choqué par tant de féminité. Dior demeure d'un sang-froid exemplaire. Il s'impose parce qu'il ne cabotine pas, ne parade pas. C'est un voyageur du bon goût.

Physiquement, Dior n'a rien d'un *french lover* à la Louis Jourdan, Charles Boyer ou Georges Guétary. Sa force, c'est de ressembler à monsieur Tout-le-monde.

Si Christian Dior a réussi, c'est uniquement par son talent. Et quel talent pour être arrivé jusqu'à New York ! La silhouette, la taille, la démarche, le port de tête, l'allure et le regard, Dior a tout compris, tout saisi et tout transfiguré. La femme américaine y voit soudain son intérêt : en s'habillant non pas comme une Française, ce qu'elle n'accepterait jamais, voulant rester américaine jusqu'au bout des ongles, mais en s'habillant « à la française ». Elle va ainsi se magnifier sans se perdre.

La femme américaine montre ainsi qu'elle peut elle aussi partir à la conquête du monde. Et qu'elle peut se payer ce qu'elle veut, à commencer par ce qu'il y a de plus chic, la mode parisienne, et son fleuron, la maison Dior. Les Américaines deviennent les plus ferventes admiratrices de Dior. Elles ont tout compris. Dior détient le secret des nuances. En ignorant les règles convenues, Dior bouscule tout et les Américaines, qui entendent bien désormais refuser les contraintes, reconnaissent en lui un allié.

La femme américaine a changé. Elle ne veut plus s'offrir comme cadeau à son époux ou son amant. Christian Dior a créé cette nouvelle femme, française à Paris mais américaine à New York et espagnole à Madrid, qui refuse d'être un cadeau et devient une offrande. Une femme qui choisit. Cette nouvelle femme s'offre à tous les regards avec délectation et avec bonheur. Elle s'offre à nos envies, à nos désirs comme à notre admiration. Elle s'offre à son temps, à son époque, à l'avenir, elle s'offre au monde entier. Si Dior n'a pas gagné la bataille de la Marne évoquée par Carmel Snow, il a remporté l'Austerlitz de la mode et du bon goût. Chaque femme en Dior peut se dire, à l'instar des soldats de Napoléon · «J'y étais!», «Je l'ai portée!».

Une cliente de la maison Dior ne se comporte plus en cliente mais en membre d'un club où elle se sait conseillée, protégée et libérée. Toutes les femmes ici sont traitées comme des princesses. Aucune différence n'est faite entre une tête couronnée et une simple Parisienne peu connaisseuse de haute couture. Une fois entrées au 30, avenue Montaigne, toutes les femmes ont tous les droits et toutes les émotions à partager. Elles ne viennent pas se choisir un vêtement mais se choisir une attitude. Elles repartiront avec ce qu'elles n'avaient trouvé nulle part ailleurs: un style. Un style qu'elles s'approprient à l'instant. Elles savent que le luxe ne s'achète pas : il se mérite. Par une certaine attitude. *French attitude ?* Peut-être, oui. *Dior attitude ?* Sûrement ! La beauté décide d'apparaître là où elle veut, quand elle le veut, et pour qui elle veut. C'est ce qui va se passer, à New York, le 8 novembre 1948, à l'angle de la 5e Avenue et de la 57e Rue.

22

Lors de ma tournée à New York, j'interprétais *La Peste* d'Albert Camus, j'étais descendu dans cet hôtel devenu depuis tristement célèbre pour ce que l'on sait, le Sofitel. Dans la suite où j'avais la chance de loger, je ne cessais de donner des interviews. Je me soumettais à des séances photos, sur la terrasse, magique, qui offrait une vue enivrante allant de l'Empire State « King Kong » Building aux taxis jaunes semblables, de cette hauteur, à autant de Dinky Toys.

Les taxis new-yorkais foncent comme des dingues. Une vitre les sépare de vous. Sécurité oblige. Et une fois payés, ils vous laissent à peine le temps d'en descendre qu'ils ont déjà fichu le camp ! La marche à pied me rassurait donc davantage. J'ai donc beaucoup marché, notamment pour me rendre au lycée français où je donnais une conférence sur le prix Nobel. Je suis passé, bien sûr, par la 57e Rue, depuis la 5e Avenue.

Dior a tout compris du système américain. Pour être accepté par les Américains, il ne faut surtout pas leur donner de leçons et encore moins les prendre pour des Américains. Ils savent qu'ils le sont et ils savent ce que cela signifie. Être les plus grands, les plus forts, les plus libres. Ce qu'ils veulent de vous, ce qu'ils attendent de vous, c'est que vous vous preniez pour des Américains, que vous veniez chez eux pour devenir comme eux. C'est vous qui devez changer, pas eux. S'ils voulaient changer, ils viendraient chez vous, pour y devenir comme vous. C'est la seule vérité possible en Amérique. Y devenir non seulement américain, mais plus américain qu'un Américain. Christian Dior est donc devenu le plus américain des Français, le New-Yorkais le plus chic, le plus à la mode comme il allait devenir le plus *smart* et le plus *british* de Londres, quatre ans plus tard dans le quartier très fermé de Mayfair.

En devenant international, Dior ne se met pas en danger, il se remet en question. C'est différent. Et c'est tellement intelligent. Et visionnaire. Dior avait parié sur l'avenir de son nom, maintenant il pariait sur l'avenir de sa marque. Il avait su agir plus vite que les autres, mais surtout plus loin et plus fort. Il occupait à présent le trône suprême. 1947-1957 fut bien la décennie Dior. D'ailleurs, le jour de ses obsèques, on vit plusieurs membres du gouvernement de cette ténébreuse quatrième République, aux côtés des grands noms de la haute couture, Marc Bohan, Cardin et

Saint Laurent, Jacques Fath, Pierre Balmain, Hubert de Givenchy, Balenciaga, ainsi que Carmel Snow, Marcel Boussac, Michel de Brunhoff, Jacques Rouët. Sans même parler des unes des quotidiens du monde entier, comme celle du *New York Times*, ni même des milliers de télégrammes de condoléances. Ce bon monsieur Dior portait, indéniablement, une dimension d'éternité.

Christian Dior n'a cessé, sa vie durant, de voyager dans sa tête. Enfant déjà, c'était sa façon à lui de se protéger de la terreur de la guerre. Où voyage-t-il depuis sa mort ? Là-haut parmi toutes les autres âmes errantes ? Ou serait-il resté parmi nous ? Et pourquoi pas en nous ? Est-il cette ombre fugitive qui vient de passer furtivement devant la banquette du salon d'entrée du 30, avenue Montaigne ? Ce crissement de fauteuil dans le salon d'essayage de Dior Homme rue François-Ier ? Le carton glisse-t-il et tombe-t-il à terre dans le couloir d'ascenseur du sous-sol à son passage furtif ? Et pourquoi pas ?

La disparition de Dior est un leurre.

Sa mort a été saluée par une consternation générale. Sa garde rapprochée semblait désemparée. Comme des soldats abandonnés par leur général, tous figés par une colère froide. Et si, sans lui, tout s'écroulait, comme pour Louis Jouvet dont la disparition entraîna celle de sa troupe ? Comme pour Jean-Louis Barrault et sa compagnie morte après son décès ? Tous, dans la maison, étaient stupéfaits et effondrés.

Fallait-il remplacer Christian Dior ? Et par qui ?

Sa perte était une vraie douleur pour les femmes qui travaillaient avec lui. Elles n'arriveraient jamais à s'en remettre. Un être qui souffre peut se reconstruire à force de volonté. Mais à plusieurs, c'est plus délicat parce qu'on en vient à porter la douleur des autres. Madame Raymonde Zehnacker, directrice du studio, avait tenu remarquablement son rôle de Philinte en jupons. Elle portait l'œil à tout et sur tout ce que Dior n'était pas en mesure de voir. Elle savait que maintenant il allait voir tout de là-haut. Elle devait donc redoubler de vigilance pour ne pas le décevoir. Elle avait trouvé là sa motivation pour poursuivre sa tâche. Marguerite Carré, sorte de Mercure pour qui Dior avait créé le poste innovant de directrice technique, possédait cette rare finesse qui permet de tenir la ruche des ouvrières. Elle leur confiait l'exécution des croquis, comme elle avait su tout gérer auparavant chez Patou, en première d'atelier, avec une détermination et une efficacité remarquables. Elle était elle aussi ébranlée, mais on pouvait compter sur sa force de caractère, peu commune.

Pour la troisième des fées, la situation était plus délicate et serait plus tragique. Mitzah Bricard perdait en la personne de Dior non seulement l'homme de son destin, mais une partie d'elle-même. Cette partie de complicité et d'exigence, de plaisir et de goût, cette part de jeu et d'extrême insolence, cet humour slave acéré et salvateur, cette classe folle, cette élévation d'âme qui donne à tout une élégance et une distanciation « dolce vita » admirable. Tout ce qu'on pourrait résumer en deux mots : une mémoire. Ces plus beaux instants de leur vie qu'elle ne partageait plus avec personne et que Christian Dior avait emportés avec lui, là-haut. Cette femme superbe, le chic incarné, devenait le deuil incarné. Sublime femme que Dior avait dotée du titre honorifique, comme un clin d'œil et une subtile preuve de son attachement fraternel, de « conseillère artistique » et qui avait le visage du destin. Dior n'avait évidemment besoin d'aucun conseil mais il avait besoin d'équilibre, lui qui se savait sur le fil du hasard, funambule avançant parfois avec une intrépidité qui pouvait à chaque instant le faire basculer dans le vide. Or, Mitzah à ses côtés, comme le bon Docteur Watson pour Sherlock Holmes, offrait de salutaires réactions, de saisissantes sautes d'humeur, des vérités assassines qui furent salvatrices bien des fois. Sans remettre Dior dans quelque bon chemin, elles lui évitèrent de suivre le mauvais. Nous avons tous besoin d'un ange gardien. Même l'ange gardien. Sur l'échiquier du chic, Mitzah était passée reine.

Le roi venait d'être mat. Le roi est mort ! Vive le roi ! Il fallait le remplacer. Très vite. Et Jacques Rouët, directeur administratif, intronisa Yves Mathieu Saint Laurent.

Rien ne serait plus comme avant. Mais jamais choix ne fut plus judicieux, comme l'avenir allait le prouver. La maison Dior avait côtoyé de près le vide. Elle allait retrouver les étoiles. Dès sa première collection, Christian Dior avait obtenu le fabuleux oscar de la mode aux États-Unis. Dès sa mort, le plus talentueux des grands couturiers de demain lui succéda avec la même évidence, dans ce monde qui peut vous jeter aussitôt après vous avoir porté au pinacle. *Miss Dior*, parfum légendaire, puis Lady Dior, sac empreint de l'historique de la marque, puis tous les autres dérivés de Dior continueraient longtemps à magnifier, comme Dior Homme, la plus célèbre des maisons de haute couture du monde.

23

La vie n'est bâtie sur aucune certitude. Rien n'est définitif. Dieu est un architecte particulièrement imprévisible. Le luxe n'a rien à voir avec la frivolité. La frivolité est un abandon au plaisir fugitif. Le luxe est une exigence envers la pureté. L'élégance n'est que la pratique de cette exigence. Pour la mode, l'intelligence est une qualité du savoir mais être intelligent sans esprit est aussi vain qu'être beau sans charme, être riche sans bonté, être puissant sans compassion. L'esprit confère à l'intelligence dans la haute couture de ne jamais se prendre au sérieux parce qu'elle seule a les moyens de juger et de tout faire avec sérieux. La mode est l'indispensable expression du raffinement de la beauté comme moyen de lutter contre les forces de destruction. La robe est un moule parfait qui doit épouser les courbes du corps en stylisant au cordeau le galbe. La robe est construite en diable pour mener au paradis. Bien cousue, bien coupée. Le vrai luxe retrouve sa légitimité car il n'a de sens que si ses racines puisent dans de vraies traditions. La robe Dior est un objet d'art, d'artisan. La main crée, coupe et coud. Surfiler, essayer, assembler, des apprenties aux « petites mains », il s'agit non pas d'habiller mais d'embellir. Ni de vêtir mais de parer. Bien couper, c'est couper peu. Couper peu, c'est couper juste.

Il y a parfois un côté foire aux vanités dans la mode. Comme une haute société en détresse qui chercherait à se maintenir, coûte que coûte. Tout cela est un malentendu. Pour Christian Dior, la vie n'aura jamais été facile. Elle ne lui aura jamais semblé faite « sur mesure », nécessitant constamment des retouches. La rage vous force à vous dépasser. Dior a toujours eu le réflexe de s'adapter, ainsi a-t-il pu tirer, en toutes circonstances, le meilleur de lui-même. Ce qui l'a sauvé en toute occasion, c'est qu'il n'a jamais perdu le plaisir de faire ce qu'il faisait. Personne n'aurait pu le contraindre à faire quelque chose qui lui aurait déplu. Car comment donner du plaisir aux autres si l'on n'en éprouve plus soi-même ? Dior n'a jamais été à court d'inspiration. Tenir la maison Dior au plus haut degré d'exigence, et ce dans le monde entier, était un magnifique défi à relever.

Dior était très attaché, lorsqu'il en était au stade de la construction d'une robe, au sens des tissus utilisés. Il évoquait souvent ce secret légitime de la couture, cette obéissance au bon pli, au juste sens. La qualité artisanale dont Dior s'est toujours réclamé, c'est ce « sens du fini ». Que les femmes se sentent à nouveau désirables fut la plus belle des récompenses pour Christian Dior.

Grâce aux femmes, il avait réussi le meilleur de sa vie : rendre heureux. Les voyantes l'avaient prédit, madame Delahaye en tête : tout viendrait des femmes pour la réussite de sa vie. Dior était un prédateur. Un despote peut-être. Mais comment faire autrement quand on veut être obéi sans délai ? Il n'a jamais fait preuve d'abus d'autorité. « Quand on aime, rien ne peut vous arriver », pensait-il souvent. Peut-être aurait-il pu, par sa tendresse, repousser la mort ? Pourquoi s'est-il obstiné à faire cette cure fatale à Montecatini ? Au-delà des kilos à perdre, a-t-il voulu se plaire pour pouvoir plaire ?

Il avait su trouver auprès de son personnel, de sa garde rapprochée jusqu'aux « petites mains », une liberté d'esprit réjouissante. Dior avait tout compris des femmes, dont le plus important : le temps ne va jamais assez vite pour un homme, alors que pour une femme, c'est tout le contraire. Le temps passe trop vite, il court trop rapidement. Chaque femme entend vivre intensément chaque instant parce qu'elle se sent constamment en danger de vieillir. Il en résulte chez l'homme une impatience critique, il veut agir sans cesse. Et chez la femme une émotion continue qui enflamme son cœur. La seule vérité d'une femme, c'est le défi au temps.

La robe qu'elle porte doit être aussi ce défi. Défier les hommes, défier les convenances, défier la tristesse, défier la maladie, défier les autres femmes.

Dior se voulait maître dans l'art de varier les nuances entre elles, d'allier la tenue et la souplesse pour que la rigidité du modèle n'altère pas cette légèreté naturelle du mouvement qui emporte tout jugement. Dior est la tour Eiffel de la mode. Dressé, indestructible, si différent et si célèbre. Il a fait tellement, et dans le monde entier, pour l'image de Paris. Comme elle, il est devenu le symbole de la France. Et le 30, avenue Montaigne est un pèlerinage obligé pour toutes celles qui passent à Paris. De l'Alma aux Champs-Élysées, le lieu est devenu culte.

Comme tout créateur de légende, Christian Dior n'a cessé de s'interroger sur le sens même de son art. Il créait la beauté. Celle qui n'occulte pas le désir d'aimer. Pas la beauté parfaite mais la beauté incarnée. Celle qui bouge sans cesse alors que la beauté parfaite reste figée. Grâce à Dior, la femme des années 1950 a retrouvé le mystère qui l'avait quittée avec la guerre.

24

Si Dior est arrivé si haut, c'est qu'il n'a pas eu à aller très loin : seulement jusqu'à lui-même. Peu d'entre nous ont le courage de creuser en nous-mêmes pour y trouver de quoi se construire un destin. En général, au lieu de s'appuyer sur soi, on ne cesse de s'appuyer sur les autres, pour mieux leur faire porter, après, le poids de nos échecs. Changer de vie sans changer de peau, c'est ce que Christian Dior a réussi, et sans esbroufe. À force de lucidité, de volonté et de sang-froid. Il n'a pas hésité à se charger de la responsabilité de centaines de personnes. Il n'a jamais eu peur d'échouer parce qu'il n'a jamais eu peur des autres. Il n'avait peur que de lui-même mais il dépassait cette peur. Il n'a jamais exprimé quelque volonté de puissance. Et celles et ceux qui dépendaient de lui avaient raison de lui faire confiance : même mort, il a un nom dont le pouvoir reste entier. Nul ne saurait le contester.

Si Dior avait des idées très arrêtées, sa création ne s'est jamais trouvée bridée. On aurait tort de se limiter à le qualifier de grand couturier. L'impact foudroyant de sa carrière, bien au-delà des mers, est comparable à celui de Louis Jouvet. Or, le seul qualificatif pour le grand homme de théâtre fut celui de patron. Non seulement parce qu'il dirigeait sa troupe et son théâtre en patron mais parce qu'il avait endossé toutes les casquettes en gravissant tous les échelons : régisseur, machiniste, auteur, professeur, écrivain, pédagogue, éclairagiste, costumier, souffleur, architecte, conférencier, programmateur, peintre, ouvreur et portier. Il avait tout appris, tout fait, tout usé. Et sous ce qualificatif de Patron s'ajoutaient, au-delà de la ferveur du public et du respect et de la fidélité des siens, une admiration et une reconnaissance absolues pour un véritable saint du théâtre : Louis Jouvet Saint Patron du Théâtre. Ce n'était pas si faux puisque, soixante ans après sa disparition, Jouvet veille toujours sur le monde du théâtre. Et sa présence nous interpelle plus que toute autre. Dieu sait si Vilar, Barrault, Strehler ou Olivier sont encore là comme Dux et Vitez. Mais Jouvet est tout. Et tous les autres sont lui.

Christian Dior, comme Jouvet, est plus que jamais vivant parce qu'il est, lui aussi, plus que jamais présent et nécessaire. Son ombre a régné sur Paris. Une fois mort, c'est sa lumière qui nous illumine. Cette flamme qui ne s'est jamais éteinte, dans la vie comme dans la mort. Cette chaleur humaine tout au service de la beauté. Cette source de vie sur terre qui mérite toutes les exigences. Et l'on peut, à juste titre, vouer une admiration sans bornes aux êtres d'exception que sont Jouvet et Dior. Le Patron et le bon monsieur. Car si Jouvet était un Patron, Dior était un Monsieur. Ces deux hommes avaient une finesse de jugement exceptionnelle, jamais mise en défaut.

Chacun, du plus petit au plus grand, dans ces deux arts, le spectacle et la mode, se croit obligé et se croit surtout permis de donner son avis, à tort et à travers, causant ainsi dégâts et préjudices. Chacun se mêle de ce qui ne le regarde pas : juger les autres. En oubliant, bien entendu, de se juger soi-même, la fatuité n'ayant d'égale que la médiocrité. Jouvet et Dior ne donnaient jamais leur avis. Ils avaient une opinion. C'est différent. Et c'est plus fort. Cette opinion était fondée. Une opinion relève d'une parfaite connaissance des choses et d'une analyse pertinente. Sans idée préconçue, sans état d'âme. Un avis est au contraire toujours lié à l'émotion du moment, si mauvaise conseillère. Jouvet et Dior n'ont jamais donné non plus dans le registre de ceux qui n'ont rien à dire parce qu'ils ne veulent pas prendre de risques.

Il est aussi difficile de cerner la personnalité de Louis Jouvet que celle de Christian Dior. En vérité, rien n'est plus impalpable que l'âme d'un artiste, elle est cachée derrière ses créations. Les artistes portent en eux une énorme anxiété. Ils le savent, du jour au lendemain tout peut s'arrêter net. La faveur du public est versatile. Eux-mêmes peuvent devenir stériles. Les raisons de s'inquiéter lorsque tout va bien varient selon chacun. Pour la plupart, c'est la peur de l'échec qui les paralyse. La « pression est trop forte » comme le déclarent certains sportifs français, qu'on aimerait bien gifler, privilégiés qu'ils sont, de faire ainsi leurs simagrées. Pour d'autres, c'est au contraire la peur du succès qui les tétanise. Combien de joueurs de tennis au match « gagné » d'avance, et la balle de match dans la raquette, l'ont laissé filer pour finalement perdre la partie ?

Christian Dior et Louis Jouvet trouvaient à se surpasser lorsque rien n'était gagné, et à se dépasser lorsque tout semblait acquis. Le danger les a motivés. Jouvet avait toute sa mise en scène dans la tête. Dior avait, lui, toute sa collection. Tout comme Arturo Toscanini avait toute sa partition. Des centaines de répliques pour le Patron, des centaines de modèles pour le bon monsieur, des milliers de notes pour le Maestro. Le plus grand chef d'orchestre de tous les temps possédait un regard de cobra. Il ne voulait pas avoir la tête dans la partition mais bien au contraire la partition dans la tête. Ainsi, il pourrait ensorceler du regard chaque musicien de l'orchestre du Metropolitan Opera de New York ou de la Scala de Milan. Il en était de même pour Dior, possédé lui-même par sa création.

Les autres grands couturiers avaient des projets plein la tête. Dior n'avait que des réalités. Il ne faisait pas le même métier que les autres couturiers. Il le réinventait, sur trois axes. Rêver, créer, offrir. Rêver : il ne faisait que cela depuis son enfance. Créer : il apprendrait et partagerait. Offrir : il innoverait et triompherait.

Ce qui l'encourage à persévérer, c'est qu'il n'a rien à perdre. Donc il prend tous les risques. S'il est en marge de tous ses confrères, c'est pour mieux les défier. Pour mieux les précéder. Il sait ce qu'il veut. La maison Dior. Il ne cherche pas la réussite, illusoire, mais la reconnaissance qui, elle, perdure. Il ne veut pas faire comme les autres. Il ne les jalouse pas, au contraire, il les admire. C'est précisément ce qui l'incite à travailler comme un fou pour être à leur hauteur, et les dépasser un jour.

Dior, qui semble tant aimer la lettre M, adore la modestie et le murmure. Sa modestie lui murmure justement d'éviter la maladresse dans ses rapports avec les grands noms. Il doit apprendre à se détacher des futilités de la vie. Tant que la vie aura quelque chose à lui apprendre, la mort n'osera apparaître. Il se méfiera toujours du succès qui rend sourd, aveugle, demeurera un être authentique jusqu'au bout. Actif et perceptif.

Dans sa mémoire résonnent ses émois d'adolescent mal dans sa peau. Il se sent coupable de n'être pas tout à fait comme les autres. Et c'est ce « pas tout à fait » qui va le conduire, toute sa vie, à être meilleur que les autres, comme pour se faire pardonner. Dans *Les Misérables*, illustrés par Gustave Doré, livre trouvé dans le grenier, une phrase de Victor Hugo retient son attention. Elle évoque « l'âme pure du peuple de Paris sur les barricades ». Pourquoi le peuple aurait-il le privilège de posséder une âme pure ? Cela signifie-t-il que l'âme des autres, bourgeois ou nobles, serait, elle, impure ? Après avoir parcouru le chef-d'œuvre plus avant, il parvient à la conclusion que si le peuple a l'âme pure, c'est parce que le peuple souffre. C'est la souffrance qui purifie l'âme. Tout lui donnera raison. Et jusque dans l'exercice de son métier d'artisan, il apprendra que la beauté pure ne surgit que d'un travail de labeur et de souffrance. Sa tâche essentielle serait donc d'écarter la routine.

David Niven fut l'un des plus grands héros d'Hollywood. L'un de ces hommes qui débarquèrent sur les plages de Normandie, risquant sa vie pour en sauver d'autres. Un comédien qui, comme Jean Gabin héros sur la navale, s'engagea tandis qu'il aurait pu se la couler douce à Hollywood. Chef de tank, sous les ordres du maréchal Leclerc, il marcha jusqu'au nid d'aigle de Berchtesgaden du Führer Adolf Hitler. Héroïque comme le fut chez nous, ici, Jean Marais – l'honneur de notre métier –, David Niven reçut des mains du président Eisenhower la plus haute distinction de l'armée américaine après avoir participé au débarquement en Normandie comme officier britannique. Comme Laurence Olivier, héros de la RAF, ou Christopher Lee, agent des services secrets de Sa Majesté, eux aussi au Panthéon de l'immortalité. La vie a ses héros. Médecins, scientifiques, politiques et artistes. Ce bon monsieur Dior m'a semblé être, dans son genre, un héros du quotidien. Il aura contribué à l'honneur de la France en créant un monde nouveau. Son imaginaire en fait l'un des plus grands poètes de la haute couture. Saint Laurent en fut, après lui, le Rimbaud. Dior en sera pour toujours le Victor Hugo.

25

Si Dior a beaucoup souffert, il nous a laissé un message de bonheur et de fête. Il a choisi de nous emmener vers la beauté. Ce n'était pas si facile que cela. Il nous a persuadés que la vie vaut la peine d'être vécue. Par-delà la mort, l'histoire s'amuse à réunir pour l'éternité deux personnalités qui n'ont *a priori* rien en commun. Deux personnalités qui, parfois, sans le savoir, se sont croisées, pour se retrouver emportées dans le même train, et descendre sur le même quai. Il en est ainsi de Camus et de Sartre. Sartre était prisonnier de guerre, il montait Montherlant dans un stalag, pendant qu'Albert Camus, tuberculeux, se soignait dans un sanatorium, lui le pied-noir d'Algérie venu participer au combat contre les nazis et Vichy ! Le destin les a réunis comme adversaires, représentant les deux côtés du mur des intellectuels, philosophes, écrivains français d'après-guerre. Pourtant, leurs œuvres sont totalement différentes. Camus a des principes, et Sartre des convictions. Et que dire aussi du lien qui sépare des deux côtés du mur des Lumières du XVIIIe, Jean-Jacques Rousseau et Voltaire?! Rousseau a tout compris de la société des hommes alors que Voltaire a tout compris des hommes de cette société. Voltaire s'assied pour s'abriter de la chaleur de l'incendie révolutionnaire qui va tout brûler et tout détruire, tandis que Rousseau se fout éperdument des autres et urine joyeusement sur ce mur d'incompréhension pour se soulager la conscience! Sartre s'agenouille devant le mur du communisme soviétique tandis que Camus se fracasse la tête dessus. Quant au mur de la bourgeoisie, d'un côté Eugène Labiche y tague pour faire rire des couleurs de fête et des bêtises, de l'autre Feydeau se précipite comme un chien fou au rendez-vous qu'il a, croit-il dans sa tête folle, avec Cléopâtre ou Marie Tudor.

J'ai voulu associer ainsi Jouvet et Dior bien que la logique imposât qu'ils le soient avec Bérard, l'un comme l'autre. Peut-être la double personnalité de Christian Dior lui permet-elle de se dédoubler. Échoué à terre comme un dormeur du val dont le trou ne lui traverse pas le cœur mais est bien cousu comme une cicatrice, Bérard a laissé toute sa vie suinter sa douleur de vivre, sa morsure du génie. Le cachalot fait du bruit en respirant. Avec Bérard, c'est le souffle créateur qui se fait entendre. Christian Bérard avait conçu son dernier décor pour Louis Jouvet. Celui du *Misanthrope*. Sans murs justement. Tapis et tabourets pliants. Une merveille de simplicité, de pureté, de goût. J'imagine Bérard ayant peint sur son côté de mur, où il repose, un arbre pour y demeurer à l'ombre de son talent. Il a dû aussi y tracer un rond pour l'assiette du soleil et un pâle croissant pour la lune, et finir d'un seul trait la ligne d'horizon.

De l'autre côté, Christian Dior est face au mur, agenouillé. Il lace sa chaussure. Il croit qu'il a encore du chemin à faire. Christian Dior a cru un moment qu'il avait trouvé en Cocteau son Jouvet à lui. Mais Cocteau n'aurait jamais supporté de Dior ce que Jouvet a accepté de Bérard : avoir un complice. Il y a toujours eu du Jules César en Jean Cocteau : il passe le Rubicon tout seul et les autres le suivent.

Bérard travestit tout. Dior n'a jamais voulu travestir la vérité. Bien qu'il y ait de multiples manières de raconter une vie, raconter constitue toujours une sorte de jugement. Je souhaitais n'en porter aucun sur la vie de ce bon monsieur Dior. Elle échappe au bon sens. D'où cette manière éclatée de l'évoquer.

Il y a des vies qui parlent d'elles-mêmes. Tout s'y enchaîne logiquement. Il n'y a qu'à les conter telles quelles. Mais il y a aussi de ces vies qui sont fracassées, brisées, déchirées, pleines de contradictions, et qui doivent être racontées au plus près de l'émotion qui s'en dégage. Ce sont des vies comme dictées par des forces qui nous échappent. John Fitzgerald Kennedy, Marilyn Monroe, Édith Piaf, James Dean, Camus, Rimbaud,

François Truffaut, Patrick Dewaere, Gérard Philipe, Bernard Giraudeau, Jean-Luc Boutté, Jacques Villeret ou Christian Dior. Les événements ont donné à leur vie une tournure tragique.

Dior avait l'art de garder ses distances: on juge mieux de loin. La ruche de la maison Dior se compose d'un empire de cinq immeubles, de mille employés, d'une trentaine d'ateliers. L'immeuble phare de l'avenue Montaigne est devenu une institution. Chaque collection de Dior n'est plus un événement parisien, c'est une date. À partir de laquelle l'empire s'étend davantage ou se fige. Les défilés de Christian Dior ne sont plus seulement des tableaux de maîtres, ce sont des traversées du miroir, inoubliables et fulgurantes.

Dior a toujours un temps d'avance sinon il ne serait pas Dior. Il ne s'agit pas d'une question de longueur mais de dépassement. De dépassement non pas des autres mais de soi-même. Non pour choquer mais pour convaincre. Qu'on a encore fait mieux. Et qu'on fera encore mieux la prochaine fois. Que l'on pourra toujours aller plus loin. Que le rêve n'a aucune limite.

Dior n'a jamais cherché à être admiré. Il n'a cherché qu'à être reconnu. Dior ne cherchait pas à faire parler de lui mais à ce que ses créations parlent pour lui. Ces robes divines parlaient au cœur des clientes ébahies et comblées. Fil et crochet, coupes et patrons, toiles et aiguilles, les « petites mains », comme on les appelle, ont fait des merveilles, coupées, cousues, allant jusqu'à la réalisation de deux mille cinq cents pièces par an. L'élégance est faite de distinction, et quoi de plus distingué que le pur naturel ?

La distinction est l'opposé de la prétention qui sent à plein nez le fabriqué, le tape-à-l'œil, la dispersion. Le respect, c'est le bon goût, la cristallisation sans dérive outrancière, la simplicité. Les robes doivent être à la portée de toutes et portées par toutes les femmes. L'œil de Dior habille plus qu'il ne déshabille les femmes. Il crée autour d'elles un halo de grâce, d'envoûtement. Il a offert le précieux coffret de la séduction aux femmes. La femme selon Dior devra en permanence rester maîtresse d'elle-même. Privilégier la tenue, apprendre à marcher avec, à s'arrêter, comme à se tenir avec. Ornée d'une telle parure, elle devra faire preuve d'humilité. Esquisser tel mouvement d'abord pour signifier qu'elle va s'asseoir par exemple. Ne jamais se précipiter et sauter les étapes de sa séduction. Ce qui compte, ce n'est pas s'asseoir mais la manière de s'asseoir. Lorsque la femme n'affirme pas ses avantages mais qu'elle esquisse sa beauté, qu'elle la suggère alors elle emporte tous les suffrages. Il faut seulement que tout cela, ce jeu de la séduction, soit abouti et travaillé. Qu'il ait sa parure. Et c'est l'affaire de la robe Dior d'être cette parure-là.

Dior a bénéficié de la chance et non du hasard. Le hasard vous tombe dessus, malgré vous, et parfois à tort. Telle rencontre faite par hasard peut vous être néfaste à souhait, malgré vous. La chance, elle, est bénéfique à coup sûr. Et la chance se mérite. Elle se provoque. Et on ne doit pas la laisser passer. Tout ce qui ne se voit pas compte autant que ce qui se voit, et le préfigure. Dior a su faire la différence, essentielle, entre le goût et le soin. Le soin avec lequel il aura préparé au cordeau chaque collection n'a rien à voir avec le goût sûr qui s'en dégage. Le soin, c'est l'application avec laquelle tout est bâti pour le mieux. Le goût, c'est le doigté qui singularise avec finesse la qualité du produit. Rien n'échappe à l'analyse de la vie que Dior ne cesse de réajuster. Il se plaît à paraphraser Shakespeare en évoquant ces chimères apprivoisées que seraient ses robes. C'est un malentendu, une utopie. Il a beau parachever le tout d'une signature personnelle en agrémentant d'une rose, d'un œillet de fraîcheur le modèle, les mannequins seraient plus des Juliette ou des Ophélie jetées en pâture et qui s'en sortent indemnes et acclamées. Oui, cette collection est un printemps et, comme les collections se succèdent, on peut parler tout au long de l'année de saisons Dior. Christian a la passion des fleurs, et surtout celle de la plus belle de toutes: la Femme.

Comme tous les vrais séducteurs, il avait le visage de monsieur Tout-le-monde, passait inaperçu. Beau comme un dieu, tout le monde se serait méfié de lui, et la jalousie lui aurait mis des bâtons dans les roues. Alors que là, le voilà, non pas prêt à tout pour réussir, mais prêt à rien. À ne rien oublier, à ne rien laisser de côté, à ne rien promettre qu'il ne pourrait tenir. Il est suprêmement vigilant. Il vit dans l'angoisse de la mort depuis le décès de Bérard. Mais pas de la sienne, étonnamment. De celle des autres, des êtres qui lui sont chers. Il fait part à sa voyante de cette prémonition permanente qui lui apprend à rester sur le qui-vive. La villa des Dior à Granville portait le nom dansant des Rhumbs, et la vie a été une véritable rumba pour Dior, avec ses pas de côté, en avant ou de travers, mais ceux en arrière ne l'étaient que pour retrouver l'élan de toujours se glisser en avant.

26

Les temps ont bien changé depuis l'époque où le jeune Christian poursuivait ses études au lycée Janson-de-Sailly. Aujourd'hui, ce sont mes filles qui se rendent rue de Longchamp, à l'école Pascal, pour les leurs. Mais le quartier rue de la Pompe et boulevard Lannes demeure le même: ici se croisent des jeunes auxquels tout semble promis, à condition toutefois qu'ils aient la volonté de se battre, et sans relâche, pour réaliser leurs rêves. Sinon, tout privilégiés qu'ils sont, ils resteront sur le carreau, plus vite encore que ceux de leur génération qui n'ayant rien au départ ont conscience des efforts à accomplir pour s'en sortir. Dior modéliste, Dior assistant, Dior aux côtés de Robert Piguet, de Lucien Lelong, Dior qui ne croit qu'aux signes comme cette étoile de métal qu'il ramasse dans une rue juste avant son rendez-vous fatidique avec Marcel Boussac. Une étoile emblématique de cette perfection que l'on doit rechercher et qui oblige à lever les yeux toujours vers le haut, vers le plus beau de la nuit magique, vers l'éternité.

Lorsqu'il constate que sa filiale new-yorkaise se trouve au croisement de la 5e Avenue et de la 57e Rue, Dior, qui entretient avec les chiffres un rapport mystérieux, y voit un présage magnifique. L'ouverture doit avoir lieu le 24 octobre, un mois fétiche pour lui : octobre est le 10e mois de l'année et sa vie aura toujours avec bonheur été à la rencontre de ce 10. Maison Dior comporte dix lettres. Dix ans se sont écoulés de 1938 à 1948, entre l'année de ses débuts avec Robert Piguet et cette prestigieuse inauguration américaine. En 1931, il fermait sa première galerie rue La Boétie, en 1941 il entrait chez Lucien Lelong. Quand il apprend que la soirée Christian Dior à New York est repoussée au 28 octobre, il s'énerve, imaginant qu'il y a là comme un grain de sable. Comment pourrait-il croire que les chiffres vont se retourner contre lui et que cette date du 24 octobre va lui être fatale, à Montecatini en 1957, dix ans après la création de sa première collection. Les compositeurs ne sont-ils pas tous foudroyés avant d'avoir pu achever leur dixième symphonie ? Dior avait été bouleversé, assis au bar du Plaza Athénée, lorsque le 16 janvier 1957, quelques mois avant sa mort, dix mois bien sûr, on lui annonça celle d'Arturo Toscanini. Ses jambes se dérobèrent. Dior avait le souffle coupé. Il était lui-même à quelques jours seulement de son anniversaire, le 21 janvier. Il laissa s'échapper cette phrase prémonitoire alors que la personne qui l'accompagnait le pressait de se rendre Galerie du Claridge, aux Champs-Élysées, pour préparer sa soirée d'anniversaire du 21 : « Et si moi aussi c'était mon dernier ? »

Toscanini était, aux yeux de Dior, l'incarnation de la qualité et du courage suprême. Comme lorsqu'il refusa de laisser les portraits du Duce et de son complice le roi Victor-Emmanuel d'Italie trôner dans les couloirs de la Scala. Comme lorsque, à la sortie de la Scala de Milan, il se fit rouer de coups par les Chemises noires de Mussolini pour avoir croisé les bras, signifiant ainsi son refus obstiné de faire le salut fasciste en présence de Mussolini dans sa loge officielle. Toscanini célébré en héros à son retour en Italie et le Duce égorgé à un crochet de boucherie.

Toutes ces images glorieuses et macabres surgissaient du passé sanglant, et Christian Dior, qui avait su, comme Toscanini, laisser parler la musique en lui, préféra que s'expriment de son cœur meurtri la tendresse et la reconnaissance. La plus belle des récompenses que la vie nous offre, c'est l'amour. La pire des choses, c'est de ne pas en recevoir, ou de ne pas en donner. Dior a pris des risques toute sa vie parce qu'il voulait aimer et être aimé. Mais pas n'importe comment ni par n'importe qui.

Beaucoup d'artistes méprisent leur public parce qu'il les force à vendre leur âme dans des œuvres minables, dégradantes. Dior, lui, mérite les faveurs du public, il n'a jamais cédé à la facilité ni rabaissé son exigence. Par l'extrême exigence qu'il s'impose avant tout à lui-même, il a fait de son public un public exigeant, l'a éduqué, élevé pour son plus grand bonheur, dans un respect absolu. Il a relevé pour lui tous les défis. 1947 : le tailleur « Bar », les lignes « Corolle » et « En huit » triomphent ! Vive le new-look ! En décembre, naissance du parfum *Miss Dior*. 1953 : Roger Vivier le rejoint pour chausser la Femme Dior.

Plus malicieux que pragmatique, plus effréné que nerveux, plus compréhensif qu'autoritaire, Dior n'est jamais rusé ou obséquieux. Il réagit bien trop vite pour calculer ou manipuler. Il adore la volière des « petites mains » qui bruissent et la respecte profondément. Il est incapable de cacher ce qu'il a sur le cœur. Il dit tout ce qu'il pense sans jamais en dire trop. Il possède un humour à froid percutant mais ne l'utilise que lorsqu'il doit se défendre après coup. Il a parfois des silences mais plus encore des absences. Il pense aux autres durant ses silences. Il pense à lui pendant ses absences. Il s'imagine ailleurs déjà dans ses silences. Il se transporte dans un ailleurs au cours de ses absences. C'est son imagination qui est folle mais son imaginaire est loin d'être fou, lui. Dior a ce mystère impalpable des êtres rares qui donnent à leurs propos une profondeur immédiate, attachante et révélatrice. Ses explications s'apparentent à un labyrinthe dont il semble lui-même avoir parfois du mal à sortir. Mais au moment où l'on s'y attend le moins, où tout semble mal engagé pour lui, Dior s'en sort avec maestria.

«Demain est un autre jour!», s'exclame Scarlett O'Hara dans la dernière scène d'*Autant en emporte le vent*. Christian Dior lui aussi a célébré l'avenir. Il aura tracé la route de nombre de grands couturiers ayant fait carrière après lui. Et chaque génie, de Cardin à Saint Laurent, de Bohan à Ferré et Galliano, oui, tous auraient pu dire: «Demain est un autre Dior.» Car Dior signifie à jamais créer, recréer, et, comme Scarlett, retrousser ses manches pour travailler la terre et la rendre fertile à nouveau. La haute couture est Terre de la Mode, féconde et généreuse. Imaginative et lumineuse. Le travail et la vérité y ont leur place – la vanité et la fausseté n'ont rien à y faire.

Le génie consiste à créer ce que personne avant vous n'avait cru possible, imaginé, senti. Mais ce qui rend le génie universel, c'est que ce qui a été créé devienne indispensable, que l'humanité ne puisse plus s'en passer. Sans Mozart, Shakespeare, Picasso, Bach, Molière, Van Gogh et tant d'autres, la Terre pourrait-elle tourner? Quant à cette multitude de «génies du moment», disparus parce qu'ils ne furent géniaux que le temps de leur temps, c'est une chute méritée.

Lors de son voyage initiatique au pays des Soviets, Christian Dior a réalisé l'horreur et le mensonge bolcheviques, lui qui *a priori* y était sensible. Dior chérissait la vérité et la liberté par-dessus tout. Il ne pouvait admettre la soumission à quelque dictature que ce soit, aussi éclairée fût-elle. La mode aussi a ses tyrans, ses règles auxquelles on ne peut déroger. Elle aussi sait faire preuve d'arrogance, de vanité, d'un mépris sans limites. Que de drames s'y nouent, que de règlements de comptes, de rejets soudains, de volte-face et de trahisons ! On peut y monter aussi vite qu'on peut en redescendre, plus bas que tout. Personne n'y est intouchable, mais personne n'y a définitivement tout perdu. Comme dans un jeu de miroirs et de pouvoir, chacun a sa chance et croit pouvoir y revenir pour tout recommencer et se refaire. On y voit des soubresauts tragiques comme des revenants de l'enfer. Il ne suffit pas de cravacher ni d'enfoncer les éperons dans la chair : ce monde a le ventre solide et ses flancs sont bien protégés et solidaires. Il faut être présent du départ à l'arrivée et tenir bon quoi qu'il arrive. Il faut savoir surgir au bon moment. Et là, effectivement, oser cravacher, levé sur ses étriers. S'investir à fond. Préserver sa propre identité. S'épanouir dans la victoire.

27

La haute couture, c'est la conquête de la Femme. Et la femme d'aujourd'hui ne serait pas ce qu'elle est s'il n'y avait pas eu ces grands couturiers cosmonautes de l'univers féminin. Marcher sur la lune a prouvé à l'homme que son pouvoir est sans limites et que rien ne l'arrêtera jamais. Christian Dior a permis à la femme de se persuader que son pouvoir serait lui aussi sans limites. Pouvoir de séduction, pouvoir de tendresse et d'amour. La mode est une religion qui a foi en l'amour. Et la vie ne vaut la peine d'être vécue que parce qu'il y a de ces êtres d'exception qui consacrent la leur à la science et à l'amour. Des millions, des milliards sont dépensés pour la science et l'amour. Un esprit borné peut croire que les grands noms tels Balenciaga, Chanel, Rochas, Balmain, Saint Laurent, Cardin, Bohan, ainsi que Hermès ou Vuitton, et tous ceux qui comme eux font la gloire de la France sont hors de toute raison, quand on pense aux millions de gens qui souffrent et crèvent de faim. Curieusement, la France n'a plus de Zola, de Camus, de ces philosophes qui auraient pu aller dans « le sens de l'autre », et les sauver.

La France s'enorgueillit de sa culture. Et elle devrait continuer longtemps si toutefois les deux sœurs Science et Culture ont le bonheur de disposer des moyens nécessaires à leur combat pour l'enrichissement des êtres et la sauvegarde de leur santé. Sinon, nul doute que les deux monstres, Politique et Religion, entraînés dans la spirale de la haine et des guerres de domination, se permettront tout et précipiteront pour de bon cette fois la fin du monde. De quel droit, quelle que soit sa puissance, aussi haute soit-elle, une figure politique ou religieuse se permettrait-elle d'oser se comparer à Shakespeare ou Mozart ?

Napoléon n'est pas Proust. De Gaulle n'est pas Beethoven. Louis XIV n'est ni Racine, ni Corneille, ni Molière. Et Georges Pompidou n'est pas Dior comme Roosevelt n'est pas Chaplin. Depuis trop longtemps, les artistes ont toléré de recevoir de la part des hauts responsables religieux ce qui n'aurait jamais dû être toléré. La religion, quelle qu'elle soit, peut, et c'est son sens, rendre la dignité, apporter la grâce, donner espoir aux êtres les plus démunis, aux âmes déchirées par l'atrocité du monde et la bestialité des pires monstres. Mais comment accepter les lois sanguinaires parfois, les censures ignobles des religions ? Comment notre monde moderne qui, en un siècle, le XXe, a tant progressé scientifiquement et culturellement a-t-il pu baisser les bras à ce point, pour se coucher comme un paillasson et se laisser piétiner par ces deux forces, la politique et la religion ? Elles auraient pu l'améliorer si elles-mêmes avaient réagi contre toutes leurs dérives et leurs excès sanguinaires. Elles ne l'ont pas fait. Ou, si elles l'ont fait, elles n'ont réussi qu'à envenimer les choses, ou elles n'ont abouti à rien. Le monde, le vrai, celui du réel, celui qui à travers les siècles et les siècles a élevé l'homme, a instruit l'homme, a libéré l'homme, va se relever et va réagir. Ce monde de la science et le monde de la culture ne veulent plus se faire insulter, ignorer, écraser, humilier par la politique et la religion. Hugo est toujours vivant, Napoléon III est mort et sa poussière a disparu au souffle de l'éternité.

Le 15 novembre 1957, dans un discours remarquable, monsieur Jacques Rouët, directeur général de la maison Dior, évoquait les six à huit semaines de travail entre le choix des dessins et le choix des mannequins qui porteraient les robes dont la réalisation avait mobilisé plus de mille personnes. Il saluait la pérennité du style, du goût, de la technique et de l'organisation que Christian Dior, précurseur visionnaire, avait léguée en héritage à sa maison. Cette maison Dior que madame Raymonde Zehnacker, madame Marguerite Carré et madame Mitzah Bricard allaient continuer à diriger. Encore fallait-il officiellement annoncer que l'irremplaçable devait être remplacé. Seul un être irremplaçable pouvait prendre sa place. Yves Mathieu Saint Laurent ne prit pas la place de Christian Dior. Il occupa la sienne chez Christian Dior, il l'occuperait plus tard chez lui. Comment ne pas lui vouer la même admiration qu'à ce bon monsieur Dior ? Ainsi par la grâce de Dieu, à ce bon monsieur Dior succéda le grand Yves Saint Laurent.

Offrons à la mémoire de Christian Dior un magnifique bouquet. Il est de bon ton lorsque l'on évoque un artiste d'en citer les œuvres. Citons-les en bouquet justement : Amour Tendresse Corolle Bonheur. Bleu de Paris. Gavroche. Soirée chez Maxim's. Tour Eiffel – Coupoles de Paris. L'Île-de-France. Bagatelle. Théâtre des Champs-Élysées. Mots croisés. Réussites. Devinettes. Cache-cache. Bal vénitien. Bal des fleurs. Bal bleu. Fête enfantine. Fête galante. Brillante. Le Bœuf sur le toit. Tip-top. Les Deux Magots. La Coupole. Lever de rideau. Côté jardin. Ingénue. Côté cour. Coup de théâtre. Jeune premier. Frasques. Vaudeville. Comédie dramatique. Antoine. Cléopâtre. Ulysse. Albert Camus. Musset. Edmond Rostand. Jean Giraudoux. Henry de Montherlant. Alexandre Dumas. Jules Romains. Marivaux. Pirandello. Paul Claudel. Sacha Guitry. Romance. Message. Courtisan. Mystère. Aphrodite. Chérie. Enlèvement. Énigmatique. Mensonge. Ambroisie. Menus plaisirs. Caresse. Désirée. Débutante. Idylle. Imbroglio. Coup monté. Inconstance. Jalousie. Aveu. Avenir. Perse. Kirghiz. Iran. Chandernagor. Siam. Oreilles d'éléphants.

Aladin. Ali Baba. Azor. Simbad. Bach. Beethoven. Britten. Brahms. Chopin. Couperin. Darius Milhaud. Debussy. Erik Satie. Francis Poulenc. Gabriel Fauré. Georges Auric. Bizet. Gershwin. Gounod. Haendel. Liszt. Manuel de Falla. Massenet. Mendelssohn. Monteverdi. Moussorgski. Mozart. Offenbach. Puccini. Purcell. Rameau. Ravel. R. Strauss. Rossini. Scarlatti. Schubert. Schumann. Stravinski. Tchaïkovski. Verdi. Wagner. Weber. Réglisse. Petits-fours. Pain d'épice. Nougatine. Dragées...

Mitzah Bricard est décédée en 1988. C'est elle qui a fait comme si Dior était toujours là, elle qui a veillé sur Yves Saint Laurent, avec la même autorité bienveillante. Suzanne Luling disparaît, pour rejoindre Dior, là-haut, elle aussi en 1988. Marguerite Carré meurt dix ans plus tard. Elle continuera jusqu'au bout à dialoguer avec Christian Dior, comme s'il l'accompagnait encore. Raymonde Zehnacker meurt un an après Mitzah. Elle s'accommodera d'Yves Saint Laurent, qu'elle admire. Elle s'effacera alors pour retrouver Dior dans la maison de Mougins qu'il lui avait dessinée.

28

Yves Saint Laurent est devenu César Auguste à 21 ans. Le 15 novembre 1957. Appelé au trône devant la presse du monde entier qui l'acclamera dès sa première collection, « Trapèze ». Six collections se succéderont avec le même enthousiasme. Trois ans fulgurants. Le 1er septembre 1960, il apprend qu'il doit satisfaire aux obligations du service militaire. Il ne reviendra plus jamais avenue Montaigne. Marcel Boussac avait déjà commis l'erreur de vouloir fermer la maison Dior à la mort de son créateur. Mais il s'était laissé convaincre de repousser cette décision insensée qui aurait laissé sans travail des milliers de personnes à travers le monde. Une erreur n'arrivant jamais seule, Boussac va cette fois commettre une faute. Une erreur se rattrape facilement. Une faute devient impardonnable. Et le joueur fantastique qu'il était va tout perdre, se retrouvant en liquidation judiciaire, Pompée perdant sa tête. Il s'éteint en 1980. Finalement, après l'épisode de la reprise par les frères Willot, ce sera Bernard Arnault qui sauvera la maison Dior en 1984. Dior sera ressuscité.

Marc Bohan doit assumer le parcours le plus délicat qui va passer par les États-Unis et l'Angleterre. Il présentera enfin sa première collection en janvier 1961. Le succès ne fait aucun doute et ne laissera pas Yves Saint Laurent retrouver son trône. Pierre Bergé tentera de convaincre Marcel Boussac de faire pour le jeune prodige le même effort financier qu'il avait si généreusement fourni pour que Christian Dior puisse s'installer.

Boussac va rater le moyen de se refaire en refusant de miser sur cet outsider qui lui paraît le mauvais cheval de trop. Ce n'est plus une faute, ce n'est plus une erreur, c'est une trahison. Dont Boussac en sera la victime. Et Saint Laurent le gagnant. Marc Bohan quant à lui ne déméritera pas pendant trois décennies et se retirera avant les années 1990.

Jacques Rouët meurt à 84 ans en janvier 2002. Il aura quitté en 1983 la maison Dior, cessant d'en être le garant et le gérant. Jacques Benita, le dernier compagnon de Christian Dior, le Beau du Seigneur, ne réussira pas aux États-Unis la carrière dont il rêvait. Chanteur, acteur, il finira dans la peau d'un peintre. Madame Delahaye rejoint elle aussi Dior dans les étoiles.

La vie a été, pour Dior, un jeu de cartes. Avec ses reines, Mitzah, Marguerite, Madeleine Dior sa mère,

Catherine Dior sa sœur, Raymonde... Son as, Saint Laurent. Ses valets, Ivan le jardinier, Pierre Perrotino le chauffeur, Ferdinand le portier en uniforme. Les jokers, Carmel Snow, Bettina Ballard, Suzanne Luling, sans oublier Christian Bérard le joker imprévu et tant aimé. Les rois Lelong, Piguet, Boussac. Christian Dior avait oublié malheureusement qu'une carte inattendue se glisse toujours dans le jeu de la vie : la Faucheuse – la Mort.

Pour son partenaire bienfaiteur, le jeu finit très mal : Marcel Boussac meurt à 91 ans, en ayant tout perdu. Son écurie de courses, son groupe textile, ses journaux, la parole aussi, après une commotion cérébrale. Le dernier pli fut douloureux. Pathétique. Injuste.

Christian Dior s'était aussi amusé à baptiser ses modèles autour du jeu : Devinette, Loto, Réussites, Mots croisés, Comédies et Proverbes, Billard, Croquet, Escarpolette, Horoscope, Colin-maillard, Cache-cache, Bonne Étoile, Cartomancienne, Bohémienne, Porte-bonheur, Diorama, Diorissimo. Rendons hommage à Dior pour avoir ainsi évoqué le jeu. Le musée Christian-Dior à Granville a joué le jeu, lui aussi, avec beaucoup de cœur.

Et c'est peut-être parce que la partie n'est jamais finie aux yeux d'un joueur que Christian Dior est toujours reparti de plus belle, persuadé que le prochain pli lui serait favorable, et qu'il finirait par s'en sortir.

Il considérait la vie comme un jeu, il était donc normal que ce soit le jeu qui la lui reprenne.

Dior ne doute pas car Dior croit tout possible. Les grands noms doutent de tout, sauf d'eux-mêmes. Dior n'a pas seulement des mains de couturier, il en a aussi le regard. La vie est une tragédie. Le talent, c'est de la traiter comme une comédie. La tragédie nous mène à la mort qui nous attend tous. La comédie nous mène à l'amour. Le parfum de la vie, c'est l'éphémère. Lorsqu'il inspire le désir, le plaisir, le bonheur, on fait semblant d'oublier que la vie nous sera reprise et qu'elle ne dure qu'un temps. Le passé et l'avenir n'existent pas. Il n'y a que le présent. Le présent passé et le présent à venir. Si Dior a été si haut, si loin et si vite, c'est parce qu'il était l'homme du présent.

Mozart doit tout à son père et le reste aux femmes. Dior doit tout à sa mère et le reste à la vie. Le père de Mozart lui a dit oui. La mère de Dior lui a dit non. Les femmes ont adoré Mozart qui s'est servi d'elles toutes. Dior a adoré les femmes et les a toutes servies. Le chant des oiseaux, c'est déjà du Mozart et l'inverse aussi. La beauté des fleurs, c'est déjà du Dior et l'inverse aussi. Il suffit d'entendre du Mozart pour ne plus jamais s'en passer. Il suffit de voir une robe de Dior pour ne plus jamais se contenter de ne pas en avoir porté. La portée chez Mozart est tout, c'est le porté qui l'est chez Dior. Mozart ne vieillira jamais. Dior non plus. Mais Mozart, c'est parce qu'il ravit l'âme. Dior, c'est parce que l'âme de la femme en est ravie. Mozart ne se démodera jamais, il n'a jamais été vieux. Dior ne risque pas non plus de se démoder justement parce qu'il n'a jamais été jeune.

29

Les robes de Dior sont comme les pensées du jardin : elles se remarquent au milieu des autres. Tout au long de ces semaines à écrire sur Dior, j'ai ressenti une terrible envie de lire dans son cœur, afin que les malentendus engendrés par son immense réussite soient pour toujours dissipés. Dior, qui se plaisait tant à réfléchir, aura été le miroir de son époque, en offrant le parfait reflet.

La haute couture n'est pas la foire aux vanités que l'on imagine. Si elle n'a plus de secrets pour ceux qui y consacrent leur vie, elle demeure, pour beaucoup, comme l'opéra, un mystère. Il faut accepter d'y être porté aux nues par ceux-là même qui vous écrasent à la moindre faute, vous décrient tant que vous n'en commettez pas et surtout lorsque vous accumulez les succès. Monde sacré, sacré monde.

Christian Dior avait du tempérament. Avec du tempérament, personne ne peut rien contre vous. Vous faites preuve d'une sacrée trempe. Vous faites peur parce que vous êtes imprévisible, capable de réagir, de vous redresser de toutes les situations, même les pires. Si l'on ne fait pas carrière, il y a peu d'intérêt à rester dans une telle jungle, faite de préjugés et de non-dits.

Une réputation est bien plus importante qu'un talent. La réputation vous pose, et cela dure longtemps. Vous êtes « devenu quelqu'un », c'est quelque chose ! La réputation s'acquiert en trois étapes successives : la première, c'est ce que vous voudriez que l'on dise de vous, la deuxième, c'est ce que vous entendez dire de vous, la troisième, enfin, c'est ce que vous ne voudriez pas que l'on dise de vous. Quand vous en êtes arrivé à la troisième, c'est que votre réputation est faite.

La renommée est tout autre. Elle vous suit, tandis que la réputation vous précède. La renommée, c'est ce qui reste de vous. Et comme la feuille qui chute de l'arbre, si votre renommée tombe, rien ne l'arrêtera. Elle finira, inexorablement, à terre, comme la feuille morte, pour être piétinée et disparaître. La renommée mondiale de Christian Dior s'est bâtie sur 22 collections nées de son inspiration. Dior griffonnait partout, comme Guitry notait sur ses petits carnets, jour et nuit. Du griffonnage à la griffe, son chemin de gloire aura duré onze ans. En bon jardinier, il laissait mûrir en lui le modèle avant de le faire naître sur la feuille.

Comment décrire cet homme dont la vie n'est plus mais dont l'œuvre appartient à l'histoire ? Et pourquoi s'être soumis à cette tâche ?

Son œuvre méritait qu'on en parle autrement, pour qu'une génération de jeunes s'y reconnaisse, y puise des valeurs essentielles pour leur avenir. Sa vie est exemplaire de celles qui honorent la France et en donnent la véritable image : le plus grand pays du monde. Dior a rempli sa mission sur terre avec dignité et tendresse. Il n'a jamais cédé au découragement. Il ne fait pas partie de ces gens dont un pli amer encadre la bouche, ni de ces créateurs dont il ne reste que quelques vestiges. Dior a œuvré pour persuader les êtres que, quelle que soit leur classe sociale, la beauté seule permet de s'évader de la médiocrité et de l'ennui de l'existence.

30

J'ai laissé quelque temps ce roman songe sur un fauteuil de ma loge. Je n'avais pas l'intention d'y revenir. L'avais-je oublié ? Il était juste demeuré à l'écart. Aussi étais-je plein de curiosité lorsque le hasard me fit retomber dessus. Le monsieur qui nettoyait cette loge avait dû le soulever pour épousseter le fauteuil ; il l'avait posé sur la coiffeuse où je l'ai retrouvé.

Avant de l'ouvrir, de peur d'être très déçu, j'ai préféré écrire quelques pages, un épilogue, pour me rafraîchir la mémoire et comparer ce que j'avais à dire, à brûle-pourpoint, sur Christian Dior. Libéré de ce texte, au cours de l'écriture duquel je n'avais peut-être pas eu suffisamment de recul. Une robe de haute couture doit paraître « meilleure » vue de loin, c'est parmi d'autres que son originalité éblouit alors d'autant plus. Une femme, à l'inverse, doit paraître meilleure vue de près. C'est dans vos bras qu'elle doit se révéler elle-même, lorsqu'elle s'offre à vous. Alors qu'elle n'offre au regard des autres que son allure, sa silhouette ou ses formes.

Une femme choisit une robe comme on choisit un homme : pour se mettre en valeur. Une femme doit croire que la robe qu'elle a choisie paraîtra encore plus belle sur elle. Une femme se sentirait humiliée de penser qu'on la croirait belle grâce à la robe qu'elle porte. Une robe doit fasciner une femme mais jamais la dominer. J'ignore si la vie de couple n'est qu'un apprentissage du mensonge, mais le mariage est certainement fait pour accepter le mensonge grâce auquel la vie à deux peut tenir. Quand on ne supporte plus les mensonges de l'autre, on se sépare.

Christian Dior s'est ainsi séparé d'une vraie vie dont il ne supportait plus les mensonges. Il a trouvé sa vérité dans la haute couture. Elle ne lui aura jamais menti – même si elle lui a caché qu'elle allait le tuer.

La marque suprême de Dior aura été la constance. Dans la grande qualité de son travail comme dans sa sincérité à prendre le risque renouvelé de l'originalité créatrice. Le jardinier doit bêcher et arracher sans cesse les mauvaises herbes. Dior, emporté par son goût pour la nouveauté, n'aura cessé de semer. Il ne se sera jamais senti oppressé par le succès ni persécuté. Il ne se sera jamais refermé sur lui-même, comme cela est arrivé à d'autres grands noms. Eux n'ont pas supporté la confiance démesurée qu'on leur a portée, du jour au lendemain.

La haute couture n'est pas seulement un monde à part mais une part du monde. Celui de la mode. Et pour en être le sommet, elle n'ignore pas que la base de la montagne en fait partie elle aussi. Dior respectait le monde de la mode même s'il n'a jamais affiché pour lui une affection particulière. Il lui était reconnaissant car ce monde le forçait à se dépasser pour réussir. Le rouge à lèvres Dior ou le parfum *Miss Dior* n'auraient jamais vu le jour autrement.

Dior a toujours oscillé entre la tristesse et la joie. S'il était un homme à part, il n'était pas à part des autres mais à part « de lui-même ». Il ne se prenait pas en compte. Seule comptait sa création. Il lui sacrifia tout. Se sentait sous sa protection. Se peut-il qu'il n'ait pas connu de moments de doute ? Sur lui-même, aucun. Sur les autres, sans cesse. Il savait percer les yeux froids. Sentir les mains crispées qui rêvent de vous dominer. Celles trop molles qui rêvent d'être dominées. Au 30, avenue Montaigne, nul ne prenait le risque de contrarier Christian Dior. Pourtant, celui qui avait les conflits en horreur n'hésitait pas, lorsque nécessaire, à apaiser tout le monde.

Dior a endossé son succès avec beaucoup de difficulté. Il dormait peu. Ne rêvait plus qu'éveillé. Il vivait de ces souvenirs que nul ne pouvait lui voler. Dieu merci ! à part la perte des êtres chers, sa vie ne le faisait plus souffrir. Il aurait dû s'en inquiéter. Elle lui préparait un sale coup. Il ne voulait plus laisser son cœur le tourmenter. Jamais désemparé, jamais pris au dépourvu, il ne se souciait guère de l'avenir. Le passé ne ment pas. Le présent ment. Et l'avenir se tait. Voilà la réalité de la vie. À quoi bon se préoccuper d'un avenir qui n'a rien à dire ?

À l'aube des années 1960, Dior était persuadé d'avoir un rôle à jouer. La guerre s'était éloignée, même si l'Algérie se fissurait, et que l'Indochine était perdue. Ce n'était plus le cauchemar de l'hallucination nazie. Le sort du monde libre semblait meilleur. Il n'y avait pas d'autre choix que d'accepter de vivre dans le progrès et le bonheur retrouvé. Les sanglots étouffants allaient céder la place aux rires et aux copains yéyés. Brigitte Bardot remplaçait déjà Martine Carol et Françoise Arnoul. Johnny Hallyday et Gilbert Bécaud avaient pris le relais de Charles Trenet et Luis Mariano. La jeunesse s'affichait vorace et redoutable, prête à tout, sexe, pavés. Elle refusait de se voir, comme les précédentes générations, martyrisée, trahie, sacrifiée. L'héroïsme se trouverait maintenant dans le sport, la famille, la DS ou la 2 CV, le ski, le Club Méditerranée, le fer à repasser, le paquet de Bonux, la vie des animaux à la télévision, les « 36 Chandelles » ou encore « La Tête et les Jambes ». La jeunesse avait la tête à flirter, à danser. La jeunesse voulait dévorer la vie et elle y a mis tout son cœur.

La haute couture est faite pour être aimée pas pour être comprise. Comprend-on *La Joconde* ou *Rhapsody in*

Blue? Dior savait que si un homme fait exactement ce qu'une femme attend de lui, il n'a aucune chance de la séduire. Il en est de même pour un grand couturier. Il lui faut toujours surprendre : il n'y a que l'inattendu qui ravisse l'âme. Dior ne voulait pas devenir comme les autres : c'eût été un drame. Perdre sa place de numéro 1 comme on perd sa femme eût été là la tragi-comédie de la vie. La vie s'écrit au gré du hasard et on doit l'accepter. Mais perdre son temps à la tête de sa propre maison, c'eût été un drame. Dior ne l'aurait jamais accepté. Une robe réussie fait perdre dix ans à une femme qui s'y épanouit. Une robe ratée qui l'embarrasse lui en donne dix de plus. Je ne soutiendrai pas que ce bon monsieur était plein de bonnes intentions. On sait bien que le pire en art, ce sont les bonnes intentions. Elles ne mènent à rien pour plaire à tous. L'intelligence est un instrument qui se joue à deux mains : le savoir et la méthode. La meilleure méthode consiste à oublier son savoir. C'est ainsi qu'on fait preuve d'intelligence. La carrière de Christian Dior nous enseigne que onze ans et 22 collections ont justifié pourquoi il en savait plus que les autres.

31

Dior savait que la vie était laide et égoïste. Il a voulu nous apprendre qu'elle pouvait être tendre et belle. La beauté n'est pas contagieuse comme le bonheur. Mais quand le bonheur est là, on en devient beau.

J'ai relu ce roman songe diorifique. J'ai eu constamment l'impression qu'il convenait d'attacher plus d'importance à ce que je ne disais pas de Dior plutôt qu'à ce que j'écrivais sur lui. Par exemple, que l'âme de Dior n'est pas montée au ciel puisqu'il nous l'a laissée, dans toute son œuvre, afin qu'elle demeure parmi nous. Je tirais aussi la conclusion de cette première lecture que Dior aura voulu nous purifier de la vanité du monde, en créant ce que le monde n'avait alors jamais imaginé, et qu'il n'a, depuis, plus jamais imaginé.

Il y a des gens qui vous disent la vérité à longueur de temps. Soit. Nous apprécions. Mais ces mêmes gens ne vous révèlent jamais leur vérité. Qui sont-ils vraiment ? Qui aiment-ils ? En général, ils n'aiment qu'eux-mêmes. D'où la raison de taire cette vérité-là. Les étoiles ne se trouvent pas seulement dans le ciel. Il faut savoir admirer celles qui brillent dans le cœur de certains êtres. Il ne s'agit pas de lever les yeux au ciel, mais de regarder en face. C'est plus difficile et peu d'entre nous ont ce courage-là. Les rôles que la vie nous a décernés sont pour beaucoup des erreurs de distribution.

Ce que nous a aussi appris Dior, sur lui cette fois, c'est que rien n'est impossible parce que rien n'est improbable. La vie nous surprend toujours. Dior a appris à aimer les gens. Puisse ce modeste ouvrage nous avoir appris à aimer Dior !

FIN

3 mars 2012
Restaurant Drouant
Paris

Mis en pages par DV Arts Graphiques à La Rochelle
Imprimé en France par CPI Firmin Didot
Dépôt légal : novembre 2012
N° d'édition : 2797 – N° d'impression : 114765
ISBN 978-2-7491-2797-2